Störtebeker lebt.

Im Fall eines Falles

Deutsche Erstausgabe April 2000
Druck: Brune-Mettcker Druck
ISBN 3-930510-73-1

Jugendhotel Seeräuber
Südstrand 120
26382 Wilhelmshaven
Fon: 0 44 21 / 4 24 44
Fax: / 4 41 83
Internet-Adresse:
www.piratenhotel.de
www.piratenmuseum.de

Störtebeker lebt.

– Räuberpistole –

Auch in Süddeutschland.
für die Familie
Domin,

Arend Roland Rath

Nun beruhigen Sie sich doch. Erzählen Sie uns ganz langsam, wie das hier überhaupt passiert ist.

Also, das Schiff war schon fest, als Sie zur Herausgabe Ihrer Einnahmen gezwungen wurden?

Der Kiosk war aber schon geschlossen, oder?

Ja. Ach Scheiße, das war eigentlich so wie jeden Tag.

Und dicht war er natürlich, wegen zollfrei und so. Logisch.

Die ganzen besoffenen Dänen drängten zur Gangway.

Geier, kannste mal mit diesem Liedersummen aufhören, das stört!

Sie glauben ja gar nicht, was hier los ist, wenn wir festmachen.

Nur deswegen müssen wir schon dichtmachen, aber wegen zollfrei sowieso.

Alles rennt zur Gangway, jeder will zuerst runter vom Kahn.

Die kommen ja auch total verdurstet an Bord, und dann knallen sie sich was, total verrückt.

Das müssen Sie mal erleben.

Und wenn dann alle nur noch lallen ist besser Schotten dicht und Ruhe!

Mensch Geier, das nervt, Dein Summen!

Und auf einmal klackte es hinter mir, und diese blöde HB-Tüte fiel hier auf die Back. Alles rein da, aber dalli. Irgendetwas drückte in meinen Rücken.

Was sollte ich denn auch machen, die Scheine lagen schön sortiert auf der Back, fast alles gezählt, in Haufen fertig, der Alte will ja auch immer alles gleich haben, wenn die Besoffenen von Bord sind.

Das ging ja auch alles so schnell, die volle Tüte war genauso schnell wieder weg wie sie angeflattert kam.

Einen schwarzen Handschuh hab' ich gesehen, ich glaub' aus Leder oder so.

Dann flog noch dieser Huni zurück.

Trinkgeld, hat er gesagt.

Das Schott knackte wieder und ich saß da wie blöde. Scheiße. Und draußen grölten die Dänen.

Und wieviel haben Sie ihm mitgegeben?

Ich hab' ihm überhaupt nix gegeben, geklaut hat er.

So um die vierzehntausend.

Können auch fünfzehntausend gewesen sein, ich war ja noch nicht ganz fertig. Wir haben gut Sprit verkauft, und Lullen.

Der Alte bringt mich um, warum mußte mir das passieren, so 'ne Scheiße!

Haben Sie denn die Stimme erkannt?

Nee, natürlich nicht.

Besoffen klang sie nicht, und ein Däne war das auch nicht.

Und wenn ich wüßte, welche Stimme es war, würd' ich das ja auch sagen. Scheiß Fragerei.

Was mach ich denn jetzt bloß, der Alte schmeißt mich doch raus.

Wo sind denn die anderen, Sie haben doch gesagt, daß ihr viel verkauft habt.

Oder?

Wer verkauft hier denn noch?

Piet und Kalinka.

Die sind aber immer gleich weg, wenn wir dichtmachen.

Kalinka muß schrubben, damit der Kahn schnell wieder begehbar wird.

Sie glauben ja gar nicht, was hier an Bord alles ausgekotzt wird. Erst hauen sie sich den ganzen Sprit rein und dann gehen sie kotzen und an Land geht es dann gleich weiter mit der Sause.

Und abends geht's wieder zurück.

Die sind überhaupt nicht müde zu kriegen.

Die pennen wohl drei Wochen ihren Rausch aus, wenn sie wieder zuhause sind. Bei den Mengen wäre ich auch schon zehnmal gestorben.

Und Piet?
Der hilft beim Festmachen und zieht die
Gangway mit hoch.
Und warum haben Sie Ihren Kiosk nicht
abgeschlossen?
Das weiß ich doch nicht. Machen Sie doch mal
diesen Scheiß hier.
Wir machen Umsätze ohne Ende, von
morgens bis nachts und sieben Tage in der
Woche. Und immer schnell, schnell!
Am liebsten hätte der Alte, daß wir auch noch
die Potacken drehen, für die Kombüse.
Und am Monatsende bringen wir das meiste
zum Finanzamt. Ist doch alles Scheiße, und
jetzt das noch. Ich weiß nix mehr.

Adler zieht, Du gehst ran, das ist Dein Fall.
Kripo, Kolbe, was gibt es.

Ja, und, wenn Sie nix Neues wissen, warum
rufen Sie dann an.

Wie, nur weil der Alte sagt, Sie sollen die
Kohle wieder ranbringen, rufen Sie hier an?
Mensch Geier, hör doch mal mit dem blöden
Gesumme auf!

Wie, das weiß ich doch nicht, bin ich Jesus?

Also, hören Sie mal, wenn Sie was Neues
wissen, vielleicht gibt es ja noch was, was Sie
uns bisher nicht gesagt haben, denken Sie
doch mal nach, dann rufen Sie uns an, okay?

Alles klar?

Ahoi.
Das war der Sailor aus dem Kiosk. Hat Druck
von seinem Alten bekommen.
Hab ich mitgekriegt.
Wer holt Kaffee?
Adler siegt, Du bist dran.
Und bring 'ne Bild mit, ich bewach das
Telefon.

Hier, Geier, haste gelesen, Störtebeker lebt.
Hat einer in Hamburg die Vier-Jahreszeiten
ausgeraubt. Sonntagmorgen um elf. Keine
große Täterbeschreibung, nur schwarze
Handschuhe und 'ne Plastiktüte. Keiner weiß
was.
Und an der Tür hängt ein Aufkleber,
Störtebeker lebt.
Das ist wohl auch noch ein Spaßvogel, was.
Was hast Du gesagt, da steht, da hängt ein
Aufkleber, Störtebeker lebt?
So ein Ding hängt doch auch auf dem
Dampfer von gestern, hab ich doch gesehen,
da müssen wir nochmal hin.
Wie spät?
Zwölf, heut' gibt's Labskaus, das ist erstmal
wichtiger und dann ist Wochenende, der
Aufkleber hängt da auch noch Montag - .
Oder willst Du Held der Arbeit werden, ich
hab' Kohldampf.
Dann fahr' ich allein, die Pampe mag ich eh
nicht.
Nimm die Kamera mit, kannst ja mal ein paar
Bilder von der Baltic Queen machen.
Bis später.

Drei Spiegeleier bitte, und ist da noch ein Rollmops übrig? Was gibt's denn nächste Woche Leckeres?
Mittwoch Grünkohl.
Ja, Kolbe, was ist. Ich sitze hier gerade beim Spiegelei, ist was Dringendes?

Der Dampfer ist weg?

Das haben diese Dinger so an sich, morgen ist er ja wieder da.

Du hast ja eh nix besseres zu tun am Wochenende, oder?

Mußt allein hin, ich bin bei den Baltic Jazz Singers. Würd' dich ja gern mal mitnehmen, aber Kulturbanausen sollten besser arbeiten.

Bis Montag denn.

Scheiß Handy. Selbst in der Kantine biste nicht mehr sicher.

Ich hab' die Spusi zur Baltic Queen geschickt,
das ist wohl ein besonderer Aufkleber.
Ziemlich fest dran, sieht aber wie Pappe aus.
Könnt' auch eine Visitenkarte sein, so eine,
wie man sie am Bahnhof, zwanzig Stück für
'nen Heiermann, drucken lassen kann.
Und die Klebe könnt' wohl Uhu sein.
Ruf' doch mal in Hamburg an und frag mal
was das für ein Aufkleber war.
Ich?
Adler oder Zahl?
Adler siegt, grüß' mir die Kollegen in
Hamburg.
Kannst Du mal mit Deiner ewigen Summerei
aufhören, das nervt, wie soll ich in Ruhe
telefonieren.
Hab' die Baltic Jazz Singers noch im Ohr, war
'ne tolle Sache, wie war Dein Wochenende?
Willste mich veräppeln, laß mich jetzt erstmal
telefonieren.
Ja, moin, Kolbe hier, Lübeck, hab' da mal 'ne
Frage zu den Vier-Jahreszeiten.

Wir hatten so was ähnliches hier, könnt'
zusammenhängen.

Wir haben auch einen Aufkleber gefunden,
Störtebeker lebt, war wohl mit Uhu dran.
Wird hier gerade untersucht.
Ja, wie bei Euch. Interessant.

Hör' doch mal mit der Summerei auf.

Ja.
Wirklich.
Ja.
Ne Karte aus so einem Bahnhofsautomaten.

Sonst was nähreres?.

Nichts.

Ja.
Wir bleiben in Verbindung.
Tschüß.
So, Geier, der halbe Fall ist gelöst, ich geh'
jetzt in die Kantine, Erbseneintopf.
Kannst allein gehen, Eintopf entzwei.
Hab' mir 'nen Pizzajäger bestellt.
Wie?
Du hast telefoniert?
Ohne Adler?

Sag mal, zwanzig Stück für 'nen Heiermann.
Und zwei Aufkleber sind da, einer hier und
einer in Hamburg.
Sind also noch achtzehn unterwegs.
Oder die hängen schon irgendwo, nur wir
wissen das noch nicht.
Frag' doch mal in Hamburg nach, ob die
damit schon an die Presse gegangen sind oder
ob wir mal 'nen Kollegenrundruf starten
sollen.
Kann doch sein, daß unser Störtebeker schon
länger unterwegs ist, nur keiner hat das bisher
in Verbindung gebracht.
Wieso eigentlich ich?
Ganz einfach, Adler siegt, bis dann, ich geh'
zum Grünkohl.
Ach ja, ich bin auch erst Montag wieder da,
muß Überstunden abfeiern, fahr' nach
Wilhelmshaven zum Marinetreffen. Labskaus
satt.
Kannst mich nachher zum Bahnhof fahren,
viertel nach drei. Ich sag' Dir noch, wann Du
mich Montag wieder abholen kannst. Du hast
ja in den nächsten Tagen bestimmt noch was
mit der Baltic Queen zu tun. Ich nehme mir

noch ein bißchen Störtebekerlektüre mit, mal seh'n, ob wir aus der Seeräubergeschichte etwas erfahren.

Ach ja, wenn's Dir langweilig wird, kannste ja den Müll runterbringen und meinen Schreibtisch aufräumen, bis nachher. Pünktlich!

Die Fahrkarten bitte.

Na, Störtebekerfan auf dem Weg nach Helgoland?

Nein, nur nach Wilhelmshaven.

Die Romane hab' ich als Kind auch gern gelesen, in Hamburg und in Bremen umsteigen, jeweils am Bahnsteig gegenüber mit direktem Anschluß, in Oldenburg fünfzehn Minuten Aufenthalt.

Gute Fahrt.

Die Fahrkarten bitte.

So, Sie wollen nach Wilhelmshaven, wohl was mit der Marine zu tun, was?

Nicht direkt, war mal bei der Marine, wir haben am Wochenende Bordtreffen, wird bestimmt spaßig, mal die ganzen alten Leute wiederzusehen.

Fahr'n Sie auch nach Wilhelmshaven?

Nee, bloß nicht, ist doch nix los da, ich steig' in Hamburg aus, da, wo sie den Störtebeker geköpft haben.

Der ist dann ja noch ohne Kopf an siebzehn seiner Leute vorbeigelaufen.

Siebzehn?

Hier steht dreizehn.

Ach, ist ja eigentlich auch egal. Alles nur eine Sage.

Wäre ja schon ein Wunder, wenn einer an zweien vorbeikommt, kopflos.

Aber trotzdem interessant, wie der alte Störtebeker heute noch in den Köpfen der Menschen lebt.

Der ist ja teilweise bekannter als der Bundespräsident.

Fragen Sie doch mal die Kiddies von heute.

Störtebeker kennt jeder, aber daß von Weizsäcker Präsident ist, wissen nur die wenigsten.

Ist ja inzwischen auch Rau.

Ach ja, Sie haben recht.

Wie schnelllebig die Zeit geworden ist.

Die Fahrkarten bitte.

Nach Wilhelmshaven umsteigen in Bre...

Dankeschön, hat Ihr freundlicher Kollege
schon erklärt, in Bremen Gleis 2.

Haben alle Schaffner Kundenservice-
schulungen hinter sich?

Ist ja viel freundlicher geworden.

Die Privatisierung macht sich bemerkbar, nur
die Sitzqualität hier in der 2. Klasse, na ja.

Die Fahrkarten bitte.

Ich fahr auch nach Wilhelmshaven, kennen Sie
sich da aus?

Oh, tolle Frage, ist lange her, fahr' mal
wieder hin, wir haben Bordtreffen.

Hat sich bestimmt was verändert, hab'
gehört, daß der alte Bahnhof weg ist, soll jetzt
ein Einkaufszentrum da stehen.

Mal seh'n, bin richtig gespannt auf Schlicktau.

Und Sie, kennen Sie die Stadt?

Noch nicht, bin auch gespannt.

Ich soll dort im Wattenmeerhaus eine
Ausstellung für die EXPO am Meer
organisieren.

Wattenmeerhaus? EXPO am Meer?

Kenn' ich alles nicht, hat sich da soviel geändert?

Der Zug erreicht in Kürze Bremen.

Ja, dann woll'n wir mal, soll ich Ihnen helfen?

Ja, wenn Sie diese Tasche nehmen könnten.

So, jetzt noch nach Oldenburg und dann Milchkannenzählen.

Daß diese Strecke immer noch solange dauert, das war früher schon immer so ein Horror.

Aber wir haben ja Zeit und gute Lektüre.

Spannend, diese Störtebekergeschichten.

Die Fahrkarten bitte. Dankeschön.

Die Fahrkaren bitte....

Sie sprachen vom Wattenmeerhaus. Ja, das ist am Südstrand. Soll total interessant sein.

Für's nächste Jahr ist dort ein Sturm-erlebnisraum geplant, den Besuchern will man die Kräfte der Natur näherbringen.

Ungewöhnliches Projekt, oder?

Kann ich mir so nix drunter vorstellen, ich hab' mal 'nen Film über die Autoherstellung gesehen.

Da wurde in einem Windkanal die Windschnittigkeit geprüft.

Und jetzt sehen fast alle Autos gleich aus.

Die schönen Schnörkel sind wie weggeblasen.

Ja, so kann man das auch sehen.

Und wo wohnen Sie heute Abend, haben Sie schon ein Zimmer?

Ich hoffe, daß das im Wattenmeerhaus geklärt wurde, die erwarten mich ja. Sie wissen noch nicht, wo Sie wohnen können?

Aber ich, wenn ich mich überhaupt in Ihr Gespräch einmischen darf.

Gerne. Sie kommen wohl aus Wilhelmshaven, was?

Ja. Am Südstrand haben wir gleich fünf schöne Hotels. Tolle Lage, schön, mit Blick auf den Jadebusen. Und Sie wollen doch eh' zum Wattenmeerhaus, wie ich gerade gehört habe, das ist doch auch da.

Ich hatte vor kurzem Freunde in der Seerose untergebracht, die waren ganz angetan.

Und wie geht's dahin, mit dem Bus?

Nur in der Saison, jetzt am besten mit dem Taxi, ist aber nicht weit.

Ja, dankeschön, das machen wir dann so, wir können ja zusammen mit dem Taxi fahren, teilen wir uns.

Und Sie lesen Störtebeker.

Toller Hecht, hab' den Klabund gelesen, toller Roman.

Das war ein harter Kampf damals gegen die hanseatische Unterdrückung. Staat und Kirche haben die Fischer und Bauern ausgebeutet, und dann haben sie in Hamburg Kirchen und 'ne dicke Stadtmauer gebaut, damit da keiner mehr reinkommt.

Ich dachte, Sie wären Sturmfachmann, jetzt auch noch Seeräuberbelesen, was?

Der gehört doch zur Küste, und das waren stürmische Zeiten damals.

Hatte schon seine Gründe, der Kampf dieser Seeräuber gegen die reichen Pfeffersäcke.

Hoch die Piratenflagge gegen Unterdrückung und für einfache Rechte der Landbevölkerung.

In Wilhelmshaven soll der Störtebeker ja auch gewesen sein, auf der Siebethsburg bei Edo Wiemken.

Hab' ich auch gelesen, werd' ich mir auch angucken, wenn das mit dem Job klappt.

Werd' dann ja wohl länger in Wilhelmshaven bleiben, mindestens ein Jahr, mal sehen.

Und Sie bleiben nur übers Wochenende,
oder?
Ja, eigentlich schon, muß ja Montag wieder
im Dienst sein.
Feier hier nur ein paar Überstunden ab.
Wenn ich alle Überstunden zusammenpacken
würde, könnt' ich wohl vier Wochen hier
bleiben.
Was machen Sie denn?
Ich bin bei der Kripo.
Und da gibt es soviel zu tun?
Hier ist Wilhelmshaven, der Zug endet hier.

Mensch, hat sich das hier verändert. Der alte
Bahnhof ist ja wirklich weg. Nordseepassage
statt holzüberdachtem Ankunftsbahngleis.
AHOI, Willkommen in Wilhelmshaven steht
da am Kiosk, und da geht's zu den Taxis.
Woll'n wir zusammen fahren?

Wo soll's denn hingehen?
Zum Südstrand, erst zum Wattenmeerhaus
und dann zur Seehose.
Seerose meinen Sie wohl.
Mag' auch sein, Sie werden das schon richtig
machen.
Ohne Uhr fünfzehn, mit Uhr so sechzehn -
siebzehn, brauchen Sie 'ne Quittung?
Wohl ein kleiner Störtebeker, was?
Machen Sie mal ohne Quittung, Sie soll'n ja
auch was verdienen.
Ich sag' Ihnen auch nicht, daß ich im
Staatsdienst bin, und daß Sie Wagen Nr. 89
fahren, hab' ich auch schon wieder vergessen.

Und gefällt Ihnen Ihr Zimmer?

Ja, danke, bis auf die Nummer, dreizehn, ich dachte, die gibt es in Hotels nicht.
Ich möchte wohl ein Bier, bitte.
Nicht mehr viel los um diese Jahreszeit, was?
Doch, sonnabends und sonntags ist die Promenade voll, wenn das Wetter halbwegs mitspielt.
Geier.

Was ist?

Ach Kolbe, Du bist's.

Ich schlürf' hier gerade 'nen Gerstensaft, mußt Du unbedingt stören?

Was, Ihr habt noch drei Störtebekerüberfälle festgestellt?

Alle schon länger her.

Wo denn.

Hamburg und Greifswald.
Aha.
Alles Hansestädte.

Hast Du was näheres dazu vorliegen?

Noch nicht - mmmh.

Warte mal.
Welche Faxnummer haben Sie hier?
Vierundvierzig-eins-acht-drei.
Hörste Kolbe, vierundvierzig-eins-acht-drei.
Und die Vorwahl?
Null-vier-vier-zwo-eins.
Null-vier-vier-zwo-eins.
Also, wenn Du was neues hast, faxt Du mir
das eben rüber, das landet dann hier im
Hotel.

Und wenn Du Dich schon langweilst im Büro,
kannst Du noch meinen Müll runterbringen
und den Schreibtisch aufräumen, ich bin
Montag zurück.

Also, Prost dann, äh, Tschüß, wollt' ich
sagen.
Ein Bierchen noch, und wenn da ein Fax aus
Lübeck von der Kripo kommt, das ist für
mich.
Arbeiten Sie hier schon lange?
Nee, ich bin hier nur manchmal, abends oder
am Wochenende.
Ich bin hier an der FH.

Maschinenbau?

Nee, Tourismuswirtschaft.

Hört sich interessant an.

Was man heute alles studieren kann.

Ich nehm' noch eins.

Dann können Sie hier ja richtig was lernen in
der Wirtschaft, sind doch sicherlich viele
Touristen hier.

Wie meinen Sie das, weil das hier 'ne
Akademie ist?

Wie Akademie, ich dachte Seerose heißt der
Laden.

Nur das Hotel, die Gaststätte heißt
Bierakademie, die meisten sagen aber nur
Akademie.

Studieren in Wilhelmshaven. Fachhochschule
und Akademie, alles da. Warum bin ich
eigentlich zur Kripo?

Lecker, ich mag' wohl noch eins.

Jever, was?

So, noch ein Jever bitte.

Und wo kommen Sie her?

Aus Marienhafe.

Wo ist das denn.

Zwischen Aurich und Norden, aber das lohnt
sich nicht, jeden Tag nach Hause zu fahren.

Ich hab' 'ne kleine Bude in der Weserstraße
und den Job hier, das geht schon.

Also eine richtige Ostfriesin, was?

In Ostfriesland war dieser Seeräuber doch auch, früher.

Störtebeker meinen Sie.

Genau.

Ja, sogar bei uns in Marienhafe.

Wir haben auch eine Störtebekerskulptur bei uns auf dem Marktplatz, ganz interessant.

Und im Sommer gibt's bei uns Störtebekertheater, da spielt dann der ganze Ort mit, auf Plattdeutsch.

Sie auch?

Nee, geht ja nicht, ich kann ja nicht immer bei den Proben dabei sein, wegen des Studiums, aber mein Vater und meine Schwester.

Meine Schwester spielt die Geliebte vom Störtebeker.

Ich glaub', die hat sich sogar richtig in den Störtebeker verknallt, aber sie will das nicht sagen.

Schüchtern, was?

Ach, das muß sie doch selbst wissen.

Wenn ich zuhause bin, ist sie nicht schüchtern, dann hat sie immer 'ne große Klappe, das nervt total. Ich bleib' lieber hier in meiner Butze.

Krach gibt's in der besten Familie.

Noch ein Jever bitte.

Der scheint ja so richtig beliebt bei Euch zu
sein, dieser Seeräuber.

War ja auch ein toller Mann, oder?

Es gibt dolle Geschichten von ihm, mein Opa
hat mir immer viel davon erzählt.

Und Sie kommen aus Lübeck.

Ja, da arbeite ich jetzt, eigentlich aus
Hannover, aber das ist lange her.

In Lübeck war Störtebeker doch auch, oder?

Der war da nicht, den gibt's da immer noch.

Wie?

Das wüßte ich auch gerne, jetzt hab' ich aber
erstmal Hunger, können Sie mir was
empfehlen?

Was soll's denn sein, Fisch?

Hört sich gut an.

Entweder das Marlin hier unten an der
Kaiser-Wilhelm-Brücke oder aber das
Seglerheim im Nassauhafen.

Sind beide gleich gut, sind ja auch beides
Brüder, Jens und Werner.

Ich geh' meistens ins Seglerheim.

Und wie komme ich dahin?

Ganz einfach, hier die Promenade hoch, an
der Strandhalle vorbei und dann gleich hinter
dem Terramare, zehn Minuten. Ist doch
trocken draußen.

Und zum Marlin?

Drei Minuten.
Können Sie mich um zehn Uhr wecken lassen?
Was kriegen Sie?
Zweiundzwanzig.
Stimmt so, und wenn ein Fax kommt, bitte
aufs Zimmer, tschüß bis morgen.

Geier.

Ach, Du schon wieder.

Ob ich Dein Fax bekommen habe.

Nee, noch nicht, sitze hier im Marlin bei
Bratkartoffeln und Brathering und Jever.

Wirklich lecker, man sollte öfter mal
Überstunden abfeiern. Und Du produzierst
gerad' welche, was?

Guck' ich mir nachher an, heut' nacht können
wir doch eh' nix mehr machen, oder?

Weißt Du eigentlich, wie spät das ist?
Ja, also, wir schnacken morgen nochmal, so
um elf, ich werd' um zehn geweckt.

Mach's gut, bis morgen.

Einmal Cornflakes mit Kaffee bitte und da soll
ein Fax für mich gekommen sein, hab' ich
aber auf dem Zimmer nicht gefunden.
Ein Fax?
Muß ich mal im Büro fragen, mach ich gleich.
Und ein Telefonbuch brauche ich, muß zum
Optiker.
Was haben Sie denn mit Ihrer Brille gemacht?
Dumm gelaufen, bin in die Koje gehüpft und
hatte das Ding noch auf der Nase.
War wohl ein Jever zuviel.
So, hier ist Ihr Fax und das Telefonbuch.
Ohne Brille können Sie eh das Ding nicht
blättern. Steht aber auch groß drauf, hinten,

Babatz Marktstraße, da geh' ich auch immer hin.
Der weiß' schon, wo seine Werbung am besten ankommt.
Ausgezeichnet, Ihre Cornflakes. Der Kaffee ist auch gut.
Geier.

Ja Kolbe, jetzt hab' ich das Fax, ist aber ein bißchen unleserlich, erzähl mal.

Also, Du meinst, wenn einer zwanzig Visitenkarten am Bahnhof aus dem Automaten rausholt, müssen wir damit rechnen, daß auch zwanzig Überfälle kommen und die Karten dann zwanzig mal mit Uhu an der Tür kleben, ja?

Und fünf Fälle sind uns jetzt bekannt.

Sechs?

Noch einer aus Lübeck?

Vor Wochen schon?

Lange Rede, kurzer Sinn. Sechs sind da,
vierzehn kommen noch, Du hälst mich auf
dem Laufenden.
Und wenn Zeit ist, denk' doch an meinen
Mülleimer und an meinen Schreibtisch, bis
Montag dann.

So, Sie sind mit der Brille ins Bett gegangen.
Ist aber nicht schlimm, das haben wir gleich.
So, sehen Sie, jetzt haben Sie wieder klare
Sicht.
Was macht das?
Gar nichts, das ist Service.
Aber wenn Sie mal wieder eine neue Brille
brauchen, sind wir Ihnen gern behilflich.
Das tut mir leid, ich komme nicht von hier,
bin aus Lübeck.
Aber trotzdem, toller Service.
Das ist für Ihre Kaffeekasse.
Also, wenn Sie wirklich Geld loswerden
wollen, dann geben Sie das mal dem Captain,
der sitzt da draußen und macht Halbe/Halbe.

Versteh' ich nicht.

Sie verzichten auf den Kaffee und empfehlen mir, das Geld einem Bettler zu geben?

Ja, natürlich. Ich geb' dem jeden Tag eine Mark. Der ist immer da, von Montag bis Sonnabend, und der sammelt nicht nur für sich, das meiste spendet der an andere, an Kindergärten und so, bewundernswert so ein Bettler, oder nicht?

Sowas haben wir in Lübeck nicht.

Welche Buchhandlung können Sie mir denn empfehlen, ich suche nach Störtebekerliteratur.

Genau gegenüber, der kennt sich aus mit Seeräubergeschichten, fragen Sie mal.

Sachbücher oder Romane?

Gibt es da so viel verschiedene?

Wir haben auch tolle Kinderbücher zum Thema, kommen Sie mal mit, ich zeig' Ihnen gerne welche.

Kennen Sie den Harm Bents?

Der ist gut, auch geschichtlich wird dort sehr
gut recherchiert.

Aber auch der Lüth ist gut.

Hier der Roman von Felix Huby ist auch
interessant.

Kennen Sie Felix Huby, der schreibt auch
Tatortdrehbücher. Und der Roman läßt sich
gut lesen.

Wenn Sie ein schönes Buch suchen, haben wir
hier aus dem Manesseverlag den Klabund, der
ist richtig spannend, hat aber weniger mit der
tatsächlichen Geschichte zu tun.

Ja, Klabund, hab' ich schon mal gehört, den
nehme ich, und dann auch noch diesen Bents,
das reicht erstmal.

Das da habe ich schon, auch fast durch.

Studieren Sie Seeräubergeschichte?

Herr Eissing ist gerade nicht da, der kann
Ihnen davon auch ganz viel erzählen.

Aber das hier reicht ja erstmal für's
Wochenende, Montag ist er wieder da, der ist
gerade mit der Alex unterwegs.

Meinen Sie dieses Segelschiff mit den grünen
Segeln?

Ja.

Ja, interessant. Da kann man einfach so
mitsegeln.

Ja, unser Chef macht das jedes Jahr, müssen
Sie ihn mal fragen, wenn Sie da mehr von
wissen wollen.
Macht dann bitte
sechsunddreißigmarksechzig.
Ich brauch' keine Tüte, danke, das geht so
mit.
Aber sagen Sie mal, wo gibt's denn hier
frische Granat?
Granat gibt's auch in der Nordseepassage,
aber wenn Sie so richtig frische haben wollen,
dann im Nassauhafen, eine Stunde nach
Niedrigwasser.
Und wann ist Niedrigwasser?
Steht in der WZ, einen Moment bitte.
Elf Uhr fünfzehn.
Dann also in einer guten halben Stunde.
Dankeschön.

Einmal zum Nassauhafen bitte.
Hat sich ganz schön was getan hier, was.

Wie verrückt. Die Nordseepassage ist doch
großartig geworden, oder?

Was ist denn das für ein Denkmal, das stand
doch früher nicht da.

Ach, den Wilhelm meinen Sie. Ganz früher
war der schon mal da, aber dann brauchten
sie ihn für Kanonen.

Der wurde im Krieg einfach eingeschmolzen
und bis vierundneunzig stand dann nur der
Sockel da.

Und dann wurde gesammelt und
schwuppdiwupp stand zum
hundertfünfundzwanzigsten Stadtjubiläum ein
neuer da.

War nicht ganz billig.

Wo wollen Sie denn hin, zum Seglerheim?

Nein, zum Krabbenkutter.

Ach ja, auflaufend Wasser jetzt, da gibt's
welche.

Früher hatten wir ja noch mehrere
Krabbenkutter, jetzt nur noch diesen kleinen
Nebenberufler, das lohnt sich wohl nicht
mehr für die Kleinen.

Auch die kleine Krabbe wird jetzt
großindustriell vertrieben.

Schade eigentlich.

Man gut, daß wir diesen kleinen noch haben.

Den muß man auch unterstützen.

Ich hol' mir auch gleich welche, wenn ich schon mal hier bin.

Soll ich Sie auch wieder mit zurücknehmen?

Nein, danke, ich muß nur zur Seerose, zehn Minuten Fußweg.

So, das macht zwölfmarkachtzig.

Wie, mehr nicht. Gestern habe ich fünfzehn ohne Uhr bezahlt, und dann nur bis zur Seerose.

Ham' se wohl 'nen Seeräuber erwischt, tut mir leid, aber schwarze Schafe gibt es überall.

Dankeschön, und guten Appetit.

Wieviele?

Einen Beutel, nur für mich, wieviel ist das.

Guten Appetit?

Ja.

Zwei Liter?

Ja, machen Sie mal.

Was macht das?

Zehn Mark.

Was ist das denn für ein Kutter da?

Das Traumschiff meinen Sie.
Da wohnt der Captain. Der Kahn ist
bestimmt zwei Jahre nicht mehr gefahren.
Und der Captain geht morgens zur Arbeit und
kommt abends wieder, sonst kriegt man nicht
viel mit von dem.
Sagt Moin oder Tschüß, sonst nichts.
Hat immer das gleiche an, Mütze, Kolani,
Jeans und Seestiefel.
Man kann kaum was sehen von ihm, da wo
der Bart aufhört, fängt die Mütze an.

Hallo, Herr Geier, hier ist noch ein Fax für
Sie.
Haben Sie mal 'ne alte Zeitung und ein Stück
Schwarzbrot für mich, ich hab' mir Granat
geholt.
Kein Problem.
Und 'ne Flasche Jever bitte, oder besser
gleich zwei.
Und ein Besteck, oder.
Ist wohl besser, danke.

Ja, Geier hier. Hab' Dein Fax gekriegt.

Nummer sieben ist da, diesmal in Bremen, was.

Und wann?

Heute morgen.

Und wo?

Nee, das gibt's doch gar nicht.

Einfach so?

Hat sich ja wohl richtig gelohnt.

Esse gerade Granat, frisch gepult, echt lecker.

Und weißt Du, was hier in der Zeitung steht?

Nee.
Ist zwar 'ne alte, aber trotzdem interessant.
Da bedankt sich ein Bauverein bei einem
Unbekannten für eine anonyme Geldspende.

Was das Besondere daran ist?

Ganz einfach, der Bauverein hat die Adresse
Störtebekerstraße 1. - Ich find' das sonderbar.

Bei uns wird geklaut ohne Ende, von einem
Störtebeker, und hier wird gespendet, an
Störtebeker. Ist doch irgendwie komisch,
oder?

Und in der Fußgängerzone sitzt ein Bettler
und macht Halbe/Halbe. Sowas hab' ich ja
noch nie erlebt.

Ich hab' mir noch ein paar Störtebekerbücher
gekauft, ich mach' noch ein bißchen halblang.

Nach den Granat hau' ich mich noch ein
bißchen auf's Ohr. Morgen ist Bordfest in der
Strandhalle, die ist auch gleich in der Nähe.

Wir sehen uns Montag, kannst mich um zwölf
vom Bahnhof abholen.

Haste meinen Schreibtisch schon aufgeräumt?

Schönes Wochenende, bis dann.

Ein Jever bitte.

Ganz schön voll die Hütte, was.

Nun fangen Sie nicht auch noch an.

Hat die WZ auch geschrieben - Jugendhütte -.

Und was haben Sie gegen Hütte?

Eigentlich gar nix, aber wie der Journalist das geschrieben hat. Und dann einen Tag später diese Verschlimmbesserung. Als ob wir hier 'nen Kiosk betreiben.

Und was ist das hier, wenn's kein Kiosk ist.

Das Jugendhotel Seeräuber.

Wie, Jugendhotel. Und dann auch noch Seeräuber. Und die ganze Hütte voll mit alten Säcken.

Das müssen Sie mir erklären.

Das sind alles Berufsjugendliche.

So, Ihr Jever bitte.

Das ist ganz einfach. Früher war das mal ein Jugendgästehaus, hieß Seenelke.

Heißt doch immer noch Seenelke, oder nicht, steht doch draußen dran.

Ja, da haben Sie recht, das ist auch so ein bißchen Seeräuberei.

Als wir das hier übernommen haben, wollten wir aus einem Jugendgästehaus Seenelke ein bißchen mehr machen, und mit Seenelke ist das mit der Werbung nicht so einfach. Also haben wir ganz einfach einen neuen Namen zur Überschrift genommen. Jetzt ist es das Jugendhotel Seeräuber im Strandhaus Seenelke, so einfach geht das. Und die Einrichtung ist für alle da. Sie dürfen ja auch reinkommen.

Waren Sie heute in Bremen?

Warum?

Nur so, hätt' ja sein können.

Nee, war ich nicht, versteh' die Frage auch nicht.

Noch ein Jever?

Gerne, hab' dicken Durst, hab' vorhin Granat gegessen.

Siehste, hab' ich Sie doch schon mal gesehen, Sie haben heute vormittag Granat geholt im Nassauhafen, da war ich auch.

Dann kennen Sie auch den Captain.

Sie meinen den vom Traumschiff.

Den kennt doch jeder hier. Unheimlich fleißig der Mann.

Sitzt jeden Tag in der Marktstraße und sammelt, wohl hauptsächlich für andere, was der alles spendet, lukratives Geschäft.

Ja, hab' davon gehört. Ganz schön sozial eingestellt der Mann.

43

Wir haben ihn für unseren
Störtebekerkulturpreis vorgesehen.
Störtebekerkulturpreis?
Ja, hier diese Schatztruhe. Da sammeln wir
Geld und stocken das mit einem
Labskausessen einmal im Jahr auf, und dann
gibt's immer so um die zweitausend Mark.
Labskaus? Hätt' ich jetzt wohl Appetit drauf.
Tut mir leid, machen wir immer nur frisch,
für Gruppen von mindestens sechs Personen
auf Voranmeldung.
Schade.
Und wann ist das mit dem
Störtebekerkulturpreis?
Immer am 10. Juni, am Todestag von
Störtebeker.
Wieso denn der 10. Juni, ich hab' doch
gelesen, daß Störtebeker im Oktober auf dem
Grasbrook in Hamburg hingerichtet wurde.
Da haben Sie ja auch recht, noch ein Jever?
Also, ganz einfach, es gibt einen
Störtebekerroman, den von Gustav Schalk,
und darin wird der 10. Juni genannt.
Dieses Datum paßt einfach viel besser in
unser Saisongeschäft als ein Oktobertag.
Und was da schwarz auf weiß steht, haben wir
für unser Engagement genutzt.

Ihr seid wohl alle Seeräuber hier in der
Region, sowas habe ich ja noch nie erlebt.
So, ein Jever noch, dann muß' ich aber in die
Koje.
Ihre Gäste sind ja wohl überhaupt nicht müde
zu kriegen, was?
Ist doch schön so, oder?
Ja, irgendwie muß man ja sein Geld
verdienen, hier, stimmt so, den Rest geben
Sie mal in Ihre Seeräubertruhe, für 'nen guten
Zweck.
Warum gibt's in Lübeck so was nicht?

Einmal Cornflakes mit Kaffee bitte, und die
WZ.
Sagen Sie mal, haben Sie auch einen Stadtplan.
Ja, vorne in der Rezeption, wo wollen Sie
denn hin.
In die Störtebekerstraße, zu einem Bauverein.
Bauverein Rüstringen meinen Sie, suchen Sie
eine Wohnung hier?
Ja. Geier.

Ach Kolbe, du bist's. Willst Du mir erzählen, daß mein Schreibtisch inzwischen aufgeräumt ist.

Wie, der Boss macht Ärger.

Ich feier meine Überstunden ab, aber davon kennt der ja nichts. Außerdem bin ich ja übermorgen wieder da, um zwölf am Bahnhof, vergiß' das nicht.

Warum rufst Du überhaupt an?

Ach, noch zwei Visitenkarten da.

Aber noch nichts Näheres bekannt?

Hat alles Zeit bis Montag, denk an meinen Schreibtisch,und was gibt's eigentlich nächste Woche in der Kantine?

Tschüß dann.
So, hab' Ihnen aufgezeichnet, wie Sie zum Bauverein kommen.
Wär' nicht nötig gewesen, fahr' mit dem Taxi, der wird das schon wissen.
Und warum wollten Sie einen Stadtplan?

Wegen der Übersicht. Wollte grob wissen,
wie weit das ist, sehr gut Ihre Cornflakes.

Guten Tag, Sie haben ja sogar am Sonnabend
geöffnet, darf ich stören.
Stören?
Wir helfen gerne, was haben Sie denn für
 einen Wunsch?
Ich hab' Ihre Anzeige gelesen, wegen der
anonymen Spende.
Ja, da müssen Sie mit unserem Chef sprechen,
der hat auch die Anzeige aufgegeben. Der ist
aber am Wochenende zu einer Tagung und
kommt erst Montag wieder.
Herr Weber ist aber da, seine rechte Hand,
vielleicht weiß der ja was, wen soll ich
melden?
Geier, Kripo Lübeck.
Was suchen Sie denn hier, haben wir keine
eigene Kripo?
Doch, sicherlich, aber ich studiere nebenbei
Seeräubergeschichte, und da bin ich hier doch
richtig.
Privat also.
Wenn Sie das so meinen.
Herr Weber, hier ist Besuch für Sie, ein Herr
Geier.

Soll er durchkommen?

Einen Kaffee?

Ja, bitte.

Was führt Sie zu uns. Wie ich hörte, suchen
Sie keine Wohnung.

Richtig, mich interessiert Ihre Dankesanzeige.

Waren Sie der anonyme Spender?

Oh, nein, bin im Staatsdienst, da bleibt nicht
viel zum Spenden.

Nein, Spaß beiseite, mich interessiert
folgendes.

In den Hansestädten, also bei uns in Lübeck,
aber auch in Hamburg, Bremen und
Greifswald wird zur Zeit geklaut ohne Ende,
und hier wird gespendet. Ich habe so das
Gefühl, daß es da Zusammenhänge gibt.

Ganz schön vage Vermutung, oder?

Nein, ich glaube nicht, denn überall ist
irgendwie der Störtebeker im Spiel.

Ach so, Sie meinen wegen unserer Adresse,
Störtebekerstraße eins.

Ja, genauso ist das.

Erzählen Sie mir doch bitte was zu dieser
Spende.

Wieviel war das überhaupt.

Zweitausendmark, zwei nagelneue Scheine, sonst nichts.

Nur ein Anruf, daß das Geld zur Sauberhaltung unserer Siebethsburg Verwendung finden soll.

Siebethsburg?

Ja, die Burg gibt es zwar nicht mehr, nur noch die Grundmauern und die Burggräben. Ist eine ganz nette Parkanlage inmitten unserer Wohnsiedlung. Sehr beliebt bei unseren Genossenschaftsmitgliedern.

Na ja, und wie das überall so ist, auch ein beliebter Treffpunkt von Jugendlichen.

Abends ist da oft Treffen angesagt und irgendwelche haben mit Spraydosen die Informationstafeln verunstaltet.

Und das hat dem Störtebeker nicht gefallen, was?

Das gefällt keinem, aber wir können da auch kaum was gegen machen. Das Gelände wird jetzt aufgeräumt und die Tafeln werden gereinigt.

Dann hoffen wir, daß sie sauber bleiben, mehr können wir doch nicht tun, oder?

Da haben Sie wohl recht.

War das alles, hier ist nämlich gleich Feierabend.

Ja, eigentlich schon, oder haben Sie noch eine
Idee.

Eine Idee?

Ja, irgendwie schon.

Wie.

Ja, wenn ich genau darüber nachdenke, ich
habe da so ein Dankesschild gesehen, auch auf
der Siebethsburg. Da bedankt sich der Verein
Beratung, Kommunikation und Arbeit für die
wertvolle Unterstützung ihrer Projekte.

Wie, hier bei Ihnen auf der Siebethsburg?

Nein, im Störtebekerpark, da steht eine
richtige, im Kleinformat.

Im Küstenmuseum gibt's auch noch eine,
allerdings nur als Modell. Ein wichtiges
historisches Bauwerk für unsere Region, diese
Siebethsburg.

Und wie komme ich zum Störtebekerpark?

Am besten mit der Linie 1, am Wochenende
mit der A, hält dort direkt an der
Maadebrücke, ganz einfach.

Drei Mark bitte.

Das geht ja, humaner Eintrittspreis.

Gibt es hier auch Führungen?

Für Gruppen auf Voranmeldung, heute aber nicht.

Hier ist aber ein kleines Infoblatt, da steht alles drauf.

Gibt es denn hier jemanden, der mir bei näheren Fragen weiterhelfen könnte?

Ja, ich glaub' Herr Ellerbrock ist sogar da, der müßte im Pfannkuchenhaus sein.

Was wollen Sie denn wissen, Sie haben sich ja noch gar nicht umgeschaut.

Störtebekergeschichten. Die finde ich doch hier, oder.

Gucken Sie doch mal in die Burg Kniphausen dahinten, da steht er leibhaftig.

Sie sind Herr Ellerbrock?

Ja, kann ich Ihnen helfen?

Vielleicht. Wollen wir einen Kaffee zusammen trinken?

Hab' aber nicht viel Zeit.

Fünf Minuten?

Wegen meiner auch zehn, hab' dann aber noch eine Verabredung, setzen wir uns doch.

Ja, mein Name ist Geier, ich komme von der Kripo aus Lübeck.

Kripo Lübeck?

Was führt Sie zu uns?

Eine ganz komische Geschichte, hat alles irgendwie was mit dem Störtebeker zu tun.

Wieso, den gibt's doch gar nicht mehr, ist doch fast sechshundert Jahre her, daß die Hamburger ihn einen Kopf kürzer gemacht haben.

Ja, und dann ist er ohne Kopf noch an seinen Kumpels entlanggezogen, aber diese Geschichte kennen Sie ja, ich meine etwas anderes.

Ja, ich höre.

Also, bei uns in Lübeck, aber auch in Hamburg und Bremen, also in den Hansestädten, wird seit einiger Zeit geraubt ohne Ende, und immer im Namen von Störtebeker.

Und Sie meinen, hier ist jetzt der Störtebekerschatz vergraben. Brauchen Sie einen Spaten?

Nein, nein, Herr Ellerbrock, ich habe gehört, daß auch Sie viele Spenden für diese Einrichtung, finde ich übrigens ganz toll Ihren Park, erhalten.

Spenden? Könnte mehr sein, wir kommen hier mal so gerade über die Runden.

Bei drei Mark Eintritt, verstehe ich.

Nein, Spaß beiseite, ich möchte wissen, ob Sie irgendwelche größeren Summen erhalten haben, anonym?

Nein, da kann ich Ihnen nicht viel zu sagen, das geht alles bei uns über die Buchhaltung, und außerdem weiß ich auch nicht, ob ich Ihnen darüber überhaupt Auskunft geben muß.

Interessante Stühle hier. Warum sind die denn mit Zeitungen beklebt?

Sind von der Arbeitsplatzinitiative für Frauen gestaltet worden, die Leute sollen ja auch was zu lesen haben, wenn sie uns besuchen.

Der gelbe hier ist ja besonders interessant, schauen Sie mal die vielen verschiedenen Zeitungsnachrichten.

Sehe ich fast jeden Tag.

Auch schon gelesen?

Da hab' ich was besseres zu tun, außerdem ist es jetzt Zeit, ich hab' da noch einen Termin.

Nein, nur kurz, hier auf dem gelben Stuhl
steht was von einer anonymen Spende an die
Likedeeler. Steht leider nicht bei, wann das
war. Wer sind denn die Likedeeler?
Die Freunde von Klaus Störtebeker?
Bei der Segelkameradschaft Klaus Störtebeker
heißt ein Segler so, vielleicht hat das ja damit
was zu tun.
Weiß' ich aber nicht. Tut mir leid, daß ich
Ihnen nicht weiterhelfen kann, ich muß jetzt
los.
Schönen Tag noch.

Unsere Flagge soll wehen. Deinen Vater
haben sie uns genommen, aber er lebt.
Er hat gekämpft, für Freiheit und
Gerechtigkeit. Denen da oben hat er das
Fürchten gelehrt.
Denen da oben, doch wo ist eigentlich oben?
Wer bestimmt, wo oben ist.
Die Pfaffen und die ehrbahren Kaufleute?
Wir haben die Deiche gebaut und unser Land
ist jetzt fruchtbar.

Geschuftet haben wir. Geschuftet und geackert, tagein - tagaus. Kassiert haben die hohen Herren.

„Gesetz ist Gesetz", haben sie gesagt. Paläste und Kirchen haben sie davon bauen lassen, für sich und ihre Festlichkeiten. Und wir haben im Winter gefroren. Gekämpft hat Dein Vater, für Freiheit und Gerechtigkeit. Doch was ist Freiheit. Die hohen Herren nehmen sich die Freiheit heraus zu bestimmen, was wir abzugeben haben.

Wir ackern und fischen, die Kinder schreien, die Fürsten kassieren, sie sind so frei. Ein Zehntel, ein Drittel, die Hälfte. Der Sommer war schlecht, und trotzdem die gleiche Hälfte wie im letzten Jahr. Die eine Hälfte gleicht nicht der anderen. Und die Ernte ist noch nicht ganz eingefahren, aber die Steuereintreiber sind schon da.

Die Fahrkarten bitte.

In Bremen umsteigen, gleich gegenüber auf Gleis 2. Angenehme Lektüre noch.

Die Fahrkarten bitte...

Ich wäre pünktlich gewesen, aber der Zug...
Ja, die Bundesbahn -.
Bahn AG!
Trotzdem, Pünktlichkeit kennen die immer
noch nicht.
Hast Du meinen Schreibtisch aufgeräumt?
Mach Dich lieber auf was anderes gefaßt, der
Boss ist ziemlich sauer, wir haben da 'ne
Beschwerde von unseren Kollegen aus
Wilhelmshaven vorliegen. Was hast Du da
eigentlich gemacht, ich dachte, Du wolltest
zum Bordfest.
War gut, bin auch wieder fit jetzt.
Wir hatten ein Fischbüffett, da träumst Du
von.
Was gibt es heute in der Kantine?
Hör' doch endlich mal auf mit der ewigen
Fresserei, mach Dir lieber mal Gedanken, was
Du dem Boss erzählen willst.
Daß ich Überstunden abgefeiert habe und daß
ich jetzt Seeräuberei studiere.
Und das Du in ganz Wilhelmshaven
rumstocherst, ohne die Kollegen zu
informieren.
Die soll'n sich mal nicht so haben. Haben die
nichts besseres zu tun, als sich jetzt hier in
Lübeck zu melden? Und außerdem ist mir der

Boss heute ziemlich Wurst, ich hab' Hunger,
was gibt es denn jetzt in der Kantine?
Kohlrouladen.
Ja, dann mal los, das klingt doch gut.

Und was hat er gesagt.
Das Übliche.
Und jetzt?
Nichts.
Ruf doch mal in Wilhelmshaven an und sag
den Kollegen...
Wieso ich, Du hast doch...
Adler siegt, ganz einfach.
Und wieso ist mein Schreibtisch immer noch
nicht aufgeräumt, was hast Du eigentlich die
ganze Woche gemacht.
Wie hat der VfB eigentlich gespielt?
Eins zwei gegen Osnabrück, drei Punkte weg.
Die holen sie sich nächste Woche wieder.
Meinst Du? Wird ein schwieriger Brocken.
Nächste Woche sind die bei Wilhelmshaven
92.

Hört sich gut an, woll'n wir dahin?
Sag mal, spinnst Du, schon wieder
Wilhelmshaven, ich glaub' es einfach nicht.
Kannst ja hierbleiben.
Und was sagt der Boss dazu?
Gar nichts, wir unterstützen doch nur die
Lübecker.
Und außerdem ist das doch Freizeit, oder.
Ja, Kolbe, Kripo Lübeck hier, wir soll'n uns
bei Euch hören lassen.

Da kann ich nichts zu sagen,
das war mein Kollege.

Nee, im Moment nicht, der sitzt in einer
Konferenz, soll er später noch mal anrufen.

Hat sich erledigt, sie haben schon.

Ja, dann ist ja gut, oder?

Einen Tipp? - Zwei-Null für Lübeck, ist doch
klar.

Werden wir ja sehen.

Tschüß dann, bis neulich.

Haste gut gemacht Kolbe, aus Dir wird nochmal so ein richtiger Schimmi, wenn Du Dich weiter anstrengst.

Liegt noch was an?

Ja, die Unterlagen.

Steht was neues drin?

Nee, überall dasselbe. Störtebeker lebt, immer die gleiche Masche und keiner weiß was, jetzt schon dreizehn mal, und immer mit Uhu.

Im Falle unseres Falles klebt Uhu wirklich alles.

Trotzdem kommen wir da heut' nicht weiter.

Aber die Presse lacht über uns.

Die vergleichen den Fall mit dem Dagobert.

Würd ich auch machen, wenn ich Journalist wäre, irgendwas müssen die sich doch aus den Fingern saugen.

Aber das ist doch peinlich für uns.

Können wir doch nichts gegen machen.

Wir haben es mit einem ziemlich intelligenten Störtebeker zu tun, eigentlich warte ich nur auf irgendwelche Trittbrettfahrer, das ist nur noch eine Frage der Zeit, und dann gibt es ein richtiges Chaos.

Aber lies' doch mal die ganzen Artikel! Die lachen ja schon über uns.

Laß' sie doch, ist eben Volksbelustigung, die haben ja sonst nicht viel zu lachen.

Und wenn wir mal wieder die Doofen sind, freu'n sich alle.

Ist doch pädagogisch wertvoll.

Also, mir geht das ganz schön auf den Zeiger.

Und? Abschütteln.

Aufregen bringt doch nichts, oder willst Du Dich jetzt mit diesen Pressefuzzies anlegen, dann schreiben die doch erst recht.

Und die Auflagen steigen ins Unermeßliche.

Ja.

Ja, so ist das, das kennen wir doch.

Ja.

Also noch sieben Karten offen und ansonsten liegt nichts mehr an.

Hab' ich doch gesagt.

Wie spät ist das jetzt?

Viertel nach fünf.

Prima, um sechs geht der Dampfer.

Ist doch 'ne tolle Gelegenheit, sich das Geschehen dort mal so richtig anzugucken.

Du bringst mich jetzt zur Baltic Queen und holst mich morgen wieder ab.

Und was sagst Du dem Boss.

Gar nichts. Ich mach doch nur unseren Job, oder?

Und ich?

Du hast doch hier noch genug zu tun, guck'
Dir meinen Schreibtisch an.
Und außerdem würdest Du doch eh' seekrank
werden.

Na, wie war's. Ordentlich gekotzt?
Dumme Frage, war bei der Marine, bin
seefest.
War ordentlich was los auf dem Dampfer,
gute Stimmung.
Und ein Büfett gestern Abend, da träumst Du
von.
Der Boss ist schon wieder sauer, wirste wohl
Probleme bekommen mit der Abrechnung.
Wieso ich, war doch begründet, der Ausflug,
oder?
Der soll sich nicht immer so pingelig
anstellen, hat der nichts besseres zu tun?
Wir malochen wie die Blöden und lösen die
Fälle und der wird befördert.
Hast Du meinen Schreibtisch aufgeräumt.
Liegt noch was an, heute?

Nein, dann laß' uns doch.....
eine Kleinigkeit essen gehen.
Du bist ein Freßsack, weißt Du das eigentlich.
Nun werd' mal nicht frech, Kolbe, wer
arbeitet, muß auch gut essen, oder.
Morgen gibt's Grünkohl in der Kantine, ich
freu' mich schon, die haben so 'ne richtig
leckere Pinkel.
Müssen wir denn heute noch -
Müde, was, wovon eigentlich.
Vom Nixtun oder vom Schreibtisch
aufräumen.
Wir müssen noch -
Was müssen wir noch, und dann heute abend?

Ein Bierchen bitte. Und für meinen Kollegen
ein Wasser.
Wie, Wasser?
Du mußt ja wohl noch fahren, oder.
Und was haben Sie so leckeres aus der Küche?
Mockturtle, lecker, nehm ich.

So, nun nochmal ganz in Ruhe, dreizehn Fälle sind uns jetzt bekannt.

Vierzehn!

Einer ist heut' noch dazugekommen.

Ist auch schon drei Monate alt, war in Bremen.

Haben die Kollegen aber erst jetzt mit der ganzen Geschichte in Verbindung gebracht.

Und was wissen wir sonst noch?

Nichts.

Ein Bierchen noch.

Gibt's denn irgendeinen Anhalt zu den Wochentagen, hat unser Störtebeker irgendwelche Lieblingstage, oder Uhrzeiten oder irgendwas anderes?

Irgendwas muß es doch geben.

Nichts, ich hab' mir das jetzt schon zwanzigmal alles angeguckt und x-mal mit allen möglichen anderen Stellen telefoniert, aber nirgends weiß keiner was. Total ausgetüftelt die Überfälle, sowas hab' ich in meiner ganzen Laufbahn noch nicht erlebt.

Lecker die Mockturtle.

Ich glaub ja, daß der Fall in Wilhelmshaven zu lösen ist.

Das kann doch kein Zufall sein, daß bei uns geklaut wird ohne Ende und da wird ewig nur gespendet.

Wenn es da auch solche Fälle geben würde,
ja, dann, aber -.

Weißt Du was, vielleicht sollten wir doch mal
mit den Kollegen dort sprechen, irgendwas
muß doch rauszubekommen sein.

Verrennst Du Dich da nicht in irgendeine
Geschichte?

Ich glaube nicht.

Weißt Du eigentlich, was ich die letzten Tage
alles gemacht habe?

Gelesen hab' ich, alles mögliche über unseren
Störtebeker.

Und damals war das doch genauso, bei uns
wurde geklaut, Pfeffersäcke haben sie uns
genannt, und in Friesland hat der Störtebeker
verteilt.

Den Reichen nehmen, den Armen geben, wie
Robin Hood, ja, so war das, Du hast Recht.

Und wann willst Du dahin?

Ich? Wir!

Was, ich soll mit?

Und der Boss?

Der bleibt hier!

Ich meine, sollten wir nicht...

Wer fragt, kriegt blöde Antworten.

Und wann?

Jetzt, Du hast ja nichts getrunken, oder.

Und der Grünkohl morgen?

In Wilhelmshaven gibt's auch Grünkohl, also auf jetzt.

Zahlen bitte.

Stimmt so.

Wir haben uns gedacht, daß Sie kommen.

Wie gedacht, das konnten Sie doch gar nicht wissen.

Wir haben es aber irgendwie gespürt, denn Ihr Chef hat schon zweimal angerufen und gefragt, ob Sie hier aufgetaucht sind.

Sag mal, Kolbe, der tickt ja wohl nicht richtig, was mischt der sich eigentlich immer in unsere Sachen ein, der soll doch froh sein, daß wir fast alles lösen.

Ich hab' doch gesagt, wir hätten...

Hätten gibt's nicht! Und dann wär doch eh' nur ein nein dabei herausgekommen, oder?

Also, jetzt sind wir hier und jetzt woll'n wir mal sehen, ob wir nicht ein Stück weiterkommen.

Wie ist nochmal Ihr Name?

Müller.

Ja, Herr Müller, tut mir auch leid, daß Sie Unannehmlichkeiten hatten, ich weiß ja auch nicht, ob ich den richtigen Riecher habe.

Wir haben vierzehn Fälle aufzuklären, die alle gleich gestrickt sind.

Gestrickt?

Geklebt mit Uhu!

Ach Kolbe, halt Du Dich da jetzt mal raus, hier unterhalten sich jetzt Erwachsene.

Möchten Sie einen Kaffee?

Gerne.

Frau Willms, können Sie bitte mal.

Also, Herr Müller, vierzehnmal hat der Störtebeker zugeschlagen.

Zugeschlagen?

Das was ich bisher lesen konnte, war aber ziemlich gewaltfrei.

Ist ja auch egal, oder?

Nein, das ist schon ein großer Unterschied!

Also vierzehnmal wurde geklaut, und alles zusammengezählt sind wir jetzt bei einem richtigen Sümmchen.

Und vierzehnmal hat er seine Visitenkarte dagelassen festgeklebt mit Uhu.

Und neulich war ich zufällig in Wilhelmshaven.

Was heißt zufällig, wir hatten Bordtreffen in der Strandhalle.

Privat also.

Ja, kann man so sagen.

Wann waren Sie denn bei der Marine?

Lichtjahre her.

Hat sich ganz schön was getan hier, was?

Ja, ich bin erstaunt, wie sich diese Stadt entwickelt hat, tolle Leistung. Ist ja auch kein Wunder, bei uns wird geklaut und hier wird gebaut.

Da wo Geld fließt, passiert auch was.

Und Sie meinen, der Störtebeker hätte diese Stadt auf Vordermann gebracht, das ist doch lachhaft.

Der Kaffee ist gut, aber jetzt mal Spaß beiseite.

Also, rein zufällig bin ich auf eine Dankesanzeige vom Bauverein Rüstringen gestoßen, beim Granatpulen.

Und da hab' ich die Adresse gelesen, Störtebekerstraße eins.

Und da haben Sie sofort Zusammenhänge gesehen, was.

Ist das nicht ein bißchen weit hergeholt?

Weiß ich auch nicht.

Aber erinnern Sie sich doch mal an die Geschichte.

Vor sechshundert Jahren war das doch auch so.

Bei uns wurde geklaut, und hier wurde gespendet.

Ja, Herr Geier, hört sich interessant an, Ihre Theorie.

Übrigens, der Herr Weber vom Bauverein hat auch hier angerufen.

Dadurch wußten wir, daß Sie hier waren.

Sie waren ja auch noch im Störtebekerpark.

Ja, stimmt. Schlimm?

Schlimm nicht, aber hätten Sie uns nicht kurz über Ihre Aktivitäten informieren können, dann hätte es keine Mißverständnisse gegeben, oder?

Aber zu dem Zeitpunkt wußte ich doch selber noch nicht, wie die Zusammenhänge da sind.

Ich weiß ja auch nicht genau, ob wir auf dem richtigen oder auf dem Holzweg sind.

Die Geschichte ist aber doch interessant, oder was meinen Sie, Herr Müller?

Ja, irgendwie schon.

Waren Sie eigentlich schon mal im Piratenmuseum?

Wie, hier in Wilhelmshaven?

Nein, leider nicht, in Horumersiel.

Lohnt sich, total kommunikativ und spaßig.

Vielleicht erhärtet sich ja Ihre Theorie dort, scheint ja auch ein Spaßvogel zu sein, dieser Uhu-Störtebeker, oder?

Haste gehört Kolbe, wir fahren heute noch nach Horumersiel, zu den Piraten.

Wollen Sie denn länger hier bleiben?

Bis Sonntag, haben ja noch Überstunden ohne Ende.

Und wegen des VfB.

Ich denke, Sie sind dienstlich hier.

Noch nicht, der Boss kapiert unser Denken nicht, würde hierfür nie 'ne Dienstreise genehmigen.

Aber hinterher, wenn wir alles aufgeklärt haben, dann ist er wieder stolz auf sich.

Ist doch mit Ihrem Chef nicht anders hier, oder?

Da sag' ich nichts zu.

Aber Herr Müller, mir ist hier noch was aufgefallen.

Was denn?

In der Marktstraße, da sitzt so ein Bettler und macht Halbe/Halbe.

So wie Störtebeker.

Woll'n Sie das jetzt auch noch in diesen Zusammenhang bringen.

Reichlich viel Phantasie auf einmal.

Ja, aber vielleicht...

Wie soll der denn klauen gehen, in Hamburg, Bremen und Lübeck, der arbeitet doch den ganzen Tag.

Jetzt sind Sie wirklich auf dem falschen Dampfer. Unser Captain ist ein ganz Lieber. Der hat sogar schon mal was für uns gespendet.

Wie, fürs Betriebsfest?

Also, Herr Geier, nun hören Sie mal zu. Wir sind Beamte, Geschenke gibt's nicht.

Wir sind doch keine Politiker wie...

Für die Verkehrspuppenbühne haben wir zweckgemäß eine Spende erhalten. Ist doch 'ne tolle Sache, oder?

Das stimmt.

Also, der Captain wird ausgeschlossen.

Wenn Sie meinen.

Ich hab' Hunger.

Was, das gibt's doch gar nicht, Kolbe hat Hunger.

Noch nichts geschafft heute, aber Hunger.

Wo haben Sie denn Ihr Auto stehen?

Bei diesem Modehaus, Leffers oder so.

Ja, dann gehen Sie doch zum Wurstpalast, der hat gute Ware.

Und keine Pappe, alles auf Porzellan, hab' da neulich schon mal 'ne Bratwurst gegessen, stimmt.

Also, bis neulich. Sie wissen jetzt ja, daß wir
hier sind. Und wenn unser Boss nochmal
anrufen sollte, wir bleiben noch ein paar
Tage, wir wollen am Sonntag Lübeck
unterstützen, -
das hört der gerne.

Senf oder Ketchup?
Mit Senf bitte.
Ich auch.
Ist das Ihre Wurstbude hier?
Wurstbude?
Ich hab' wohl nicht richtig zugehört, was.
Wurstpalast, steht doch wohl deutlich dran,
oder?
Ach, dann sind Sie Herr Kaiser, was,
Vorname Wilhelm.
Nee, Wagner, Arno.
Schmeckt gut, Ihre Bratwurst, ich nehm' noch
eine.
Senf oder Ketchup?
Wie gehabt.

Und der Captain ißt auch seine Bratwurst
hier.
Ja, ab und zu mal, man kann ja nicht jeden
Tag Bratwurst essen, oder?
Warum fragen Sie, stimmt was nicht?
Doch, doch, alles in Ordnung, läuft gut hier,
nicht?
Wenn alle Kunden soviele Fragen stellen
würden, würde ich den ganzen Tag nur
schnacken und keine Wurst verkaufen.
Sie sind wohl nicht selbständig, was?
Nein.
Wie kommen wir denn am besten nach
Horumersiel.
Mit dem Auto?
Ja.
Ganz einfach, wo haben Sie Ihren Wagen.
Der da vorne.
Kennen Sie sich ein bißchen aus hier?
Ein bißchen.
Kennen Sie die Osttangente?
Da hinten bei der Marine?
Ja.
Die einfach immer geradeaus bis Ende, dann
rechts und am Leuchtturm Geniusbank
wieder links und dann immer nur am Deich
lang.

In Hooksiel nochmal rechts und dann nur
noch geradeaus.
Haste zugehört, Kolbe, los geht's.
Danke Herr Kaiser, bis neulich.
Wagner!

Ein Jever bitte.
Und Du?
Wasser, muß ja wohl noch fahren, oder.
Wir können auch hierbleiben, haben Sie ein
Zimmer frei?
Das ganze Haus können Sie haben, wir
kriegen erst morgen wieder Gäste.
Wie lange wollen Sie denn bleiben?
Eine Nacht nur.
Gerne.
Und das Piratenmuseum hat jetzt dicht.
Bis Weihnachten noch, sind doch kaum Gäste
da.
Dürfen wir trotzdem mal gucken?

Wenn Sie hier wohnen, sehen Sie das automatisch, das meiste jedenfalls, oben im Saal.

Noch ein Jever bitte.

Ich auch.

Gibt's auch noch was zu essen heute abend?

Kleine Karte, hier, bitte.

Matjes Hausfrauenart, hört sich gut an, wie sind die denn?

Die Matjes? Prima.

Nein, ich meine Hausfrauenart.

Das müssen Sie sich so wie Kartoffelsalat vorstellen, nur ohne Kartoffeln, aber mit Matjes, und flüssiger.

Nehm' ich, und Du, Kolbe?

Auch.

Zweimal bitte, wenn's geht mit Bratkartoffeln.

Und noch ein Jever.

Sind Sie geschäftlich unterwegs?

Kann man so sagen.

Was ist denn los da oben.

Ach, das ist der Chor, der probt einmal die Woche hier.

Wie, im Piratenmuseum.

Ja, im Saal, und zur Zeit ist da auch das Piratenmuseum.

Weihnachtslieder im Piratenmuseum, ist
schon komisch.
Das ganze Museum ist komisch, aber werden
Sie ja noch sehen.
Tolle Sache da oben.
Kommt auch gut an.
Weihnachten machen wir auch da oben
wieder auf, fünf Wochen noch.
Dann haben wir auch wieder mehr Gäste.
Gibt's Fernseher auf dem Zimmer?
Auf den Zimmern nicht, aber im Saal.
Der Chor hört um zehn auf.
Hast Du gehört, Kolbe, kannst nachher
wieder Gabi Bauer bewundern, um halb elf ist
der Saal frei, mal sehen, was so politisch los
ist.
Gabi Bauer ist doch gar nicht da, dieser
Franzose macht das diese Woche, wie heißt
der denn noch.
Ulli Wickert, Du Ei.
Ein Jever noch.

Einmal Cornflakes mit Kaffee bitte.

Wie, Kaffee auf diese Cornflakes?

Ja.

Toll gemacht, da oben das Museum.

Kann mir vorstellen, daß das gut ankommt.

Steckt 'ne Menge Arbeit drin.

Also zu dem Störtebeker gibt es ja unheimlich
viel Geschichten, und ich dachte, ich hätte
schon viel gelesen.

Kolbe, ruf doch mal in Lübeck an, ob es was
neues gibt.

Wieso ich, meinste ich laß' mich zur
Schnecke machen.

Stell Dich nicht so an, Adler siegt.

Siehste.

Und die Kinder sind begeistert da oben.

Nicht nur die Kinder, alle, sogar unser
Bürgermeister.

Auch ein Störtebeker, was?

So ein bißchen Störtebeker steckt wohl in
jedem hier an der Küste.

Ich bin erst seit zwei Jahren hier. Muß da
wohl noch was lernen.

Was, erst zwei Jahre hier und schon
Hoteldirektor und Museumsbesitzer.

Haben Sie doch schon ganz gut hingekriegt.

Man tut, was man kann.

Aber sagen Sie mal, Herr Weihrauch, so
heißen Sie doch, da oben in der Ausstellung
gibt es ja auch eine ganz aktuelle
Störtebekergeschichte, was soll das denn?
Sie meinen diese Rehabilitationsgeschichte?
Ja.
Wieso, die haben doch recht.
Die vom Piratenmuseum sind sogar extra
nach Hamburg gefahren, um dort die
Bürgerschaft aufzufordern, das Todesurteil
gegen Klaus Störtebeker zurückzunehmen.
Der ist aber doch schon lange tot, das bringt
doch nichts mehr.
Meinen Sie? Störtebeker lebt.
Was haben Sie da gerade gesagt?
Störtebeker lebt, das stimmt doch, oder?
Der ist nach über fünfhundert Jahren noch
drin in den Köpfen. Der hat ja auch viel Gutes
getan.
Der hat's den Reichen genommen und den
Armen gegeben.
Der ist also nicht nur zum Selbstzweck
räubern gegangen, das war ein Volksheld, der
hat auch gegen die Unterdrückung damals
gekämpft, das wissen die Menschen heute
noch.

Aber so eine Rehabilitation bringt doch
nichts, den machen die doch nicht wieder
lebendig?
Wieso, der ist doch gar nicht tot, der lebt
doch noch in den Köpfen. Sogar die
Hamburger nutzen diese Kultfigur heute für
ihre Marketingzwecke. Müssen Sie mal
hinfahren.
Erst hauen Sie ihm den Kopf ab.
Und dann ist er Zugpferd für den Tourismus
da, ganz schön paradox.
Ja, paradox ist wohl der richtige Ausdruck.
Und Galilei wurde auch erst nach
Jahrhunderten rehabilitiert, also können die
das mit dem Störtebeker doch auch machen.
Was kriegen Sie denn, ich habe ausgezeichnet
geschlafen.
Gibt's was Neues, Kolbe?
Der Boss hat gesagt, wir sollen mal machen.
Aber Montag sollen wir wieder in Lübeck
sein. Ich dachte, ich hör' nicht richtig.
Wie hast Du das denn hinbekommen.
Wenn Du jetzt die Odenthal wärst, würde ich
Dich knutschen.
Irgendwelche Probleme?
Ja.
Dann raus damit.

Er hat gesagt, wir sollen drei Punkte mitbringen. Wenn das bloß gut geht.

Weißt Du was, Kolbe, das mit dem Captain geht mir nicht aus dem Kopf.
Das gibts doch gar nicht, daß da einer den ganzen Tag bettelt und dann auch noch was Gutes tut.
Wenn das lukrativ ist, kann ich das verstehen. Und wenn er ordentlich spendet, nimmt er für sich doch auch wohl ganz gut was ein, oder?
Aber wenn der da den ganzen Tag sitzt, muß er doch auch mal seine Bankgeschäfte machen.
Per E-Mail vielleicht.
Von seinem Traumschiff, was. Hast Du den Kahn denn noch nicht gesehen?
Nein.
Jetzt links und dann wieder am Deich lang.
Ich weiß.
Dann macht er das eben über die Sparkasse, die macht um halb neun auf und um halb zehn fängt er an zu betteln.
So könnte das gehen, ja.
Störtebeker bei der Sparkasse.
Woll'n wir da mal nachfragen.

Quatsch, da kriegen wir sowieso keine
Auskunft. Da kriegen wir höchstens wieder
Ärger, hinterher. Ich würd's nicht machen.
Hast Recht. Ist auch noch nicht notwendig.
Da am Leuchtturm wieder rechts.
Ja, ich weiß.
Laß' uns nochmal in die Stadt fahren.
Der Buchhändler ist ja wieder da, mit dem
würd' ich mal ganz gerne sprechen.
Der, der mit der Alex unterwegs war.
Meinste, das ist auch ein Störtebeker.
Haste doch gehört in Horumersiel, in jedem
steckt ein Störtebeker.
In mir nicht.

Hier ist durchgehend geöffnet, Marktstraße
rein, Bahnhofstraße raus, oder umgekehrt.
Wohl gut drauf heute, Sie sind Herr Eissing?
Ja, was kann ich für Sie tun.
War vor kurzem schon mal hier, und da
meinte Ihre nette Verkäuferin, daß Sie mir in

Sachen Seeräuberei ein wenig weiterhelfen
können.

Übrigens, Ihr Spruch mit durchgehend
geöffnet ist nicht neu, den hab' ich schon mal
gehört, damals, als ich noch bei der Marine
war.

Da gab's so eine Buchhandlung, irgendwo da
oben in der Marktstraße, da ging...

Da ging man in die Buchhandlung rein und aus
dem Reformhaus wieder raus.

Sie meinen Peter Jasper, oben am Metzer
Weg.

War ein toller Laden, der hat aber schon vor
ein paar Jahren dichtgemacht, aus
Altersgründen.

Der Laden war aber genial, der Jasper hat
immer alles wiedergefunden, auch wenn's da
mal so ein bißchen chaotisch aussah.

Wer Ordnung hält, ist nur zu faul zum
Suchen.

Aber das war ja nicht das Thema, Sie
interessieren sich für Seeräuberei.

Waren Sie schon mal im Piratenmuseum?

Da kommen wir gerade her, tolle Geschichte,
ja.

Letztens hab' ich mir den Bents und den
Klabund hier gekauft. Beide interessant.

Ich suche aber irgendwie noch was anderes.

Oh, das ist schwierig. Ich weiß wohl, daß am germanischen Institut in Hamburg geforscht wird, also richtig wissenschaftlich, aber ob die schon irgendwas in Buchform herausgegeben haben, da bin ich überfragt.

Hab' irgendwie im Kopf, daß die Herausgabe erst für Anfang zweitausend geplant ist, aber ich kann mich ja mal schlau machen.

Ansonsten würd' ich Ihnen auch nur diese beiden Bücher empfehlen, die sind gut.

Vielleicht den Lüth noch. Ja, oder den alten Hans Leip. Aber der wird in allen anderen Ausgaben zitiert, das heißt, daß Bents und Lüth auch darauf aufbauen.

Wie war's denn auf der Alex?

Prima, woher wissen Sie das denn.

Auch von Ihrer netten Verkäuferin.

Ja, die alte Alex. Das ist Urlaub pur, auch wenn man manchmal hart ran muß.

So ein paar Tage entstressen total, kann ich nur empfehlen.

Und der Captain da drüben ist am Sammeln, was?

Bewundernswert, nicht? Bei Wind und Wetter, jeden Tag. Und dann macht der noch Halbe/Halbe, wie Störtebeker.

Ich geb' dem auch jeden Tag 'ne Mark.

Na gut, Herr Eissing, wenn Sie zum Thema
Störtebeker zur Zeit nicht weiterhelfen
können, ist auch nicht so schlimm.
Lassen Sie mir doch mal Ihre Adresse hier, ich
will mal in Hamburg anrufen, vielleicht gibt
es da ja schon was. Dann geht das mit der
Besorgung auch schnell.
Mich interessiert das ja auch, wie Sie
unschwer bemerkt haben.
Wenn es schon was gibt, bestelle ich das auf
jeden Fall. Wir haben viele Kunden, die daran
auch Interesse haben, da muß ich ja auf dem
Laufenden sein.
Haben Sie eine Karte?
Oh, aus Lübeck kommen Sie.
Machen Sie Urlaub hier?
Kann man so sagen.
Wo, am Südstrand?
Ja, da wollen wir jetzt wieder hin. In die
Seerose.
Dann können Sie ja auch mal bei unserem
Seeräuber reinschauen, oben am
Seewasseraquarium, der weiß auch schwer
Bescheid.
Sie meinen den mit dem
Störtebekerkulturpreis. -
Den hab' ich auch schon kennengelernt.

Danke nochmals, schönen Tag noch, ich schau' die Tage noch mal rein.

Nein, Herr Geier, warten Sie mal, haben Sie denn eigentlich schon mal ins Internet geschaut, da ist bestimmt auch jede Menge von unserem Störtebeker drin, bestimmt.

Internet?

Da muß ich passen, mit so einem neumodischen Kram kenne ich mich einfach noch nicht aus, ich weiß nicht einmal, wie man so einen Computer anstellt, ich bleib' lieber beim Handfesten, beim guten, alten Buch, ist doch sicherlich auch besser für Sie, oder.

Selbstverständlich.

Trotzdem danke für Ihre Bemühungen, und Tschüß dann, ich schau mal wieder rein.

Senf oder Ketchup?

Ach, Sie schon wieder. Wie war's in Horumersiel.

So wie Kartoffelsalat aber ohne Kartoffeln.

Versteh' ich nicht.

War auch nur ein Spaß, mit Senf bitte.

Ich auch.

Die schmeckt, was. Könnt' ich jeden Tag essen.

Senf oder Ketchup?

Mit Ketchup bitte.

Heute mal mit Ketchup, gut.

Ach, lassen Sie mal stecken, für 'nen guten Zweck.

Guck' mal Kolbe, der Captain ißt mit Ketchup.

Heute mal mit Ketchup, hat der Kaiser doch gerade gesagt.

Ich dachte, Wagner heißt der.

Ja.

Willst Du auch noch eine?

Senf oder Ketchup?

Wie gehabt, mit Senf.

Fragen Sie das immer?

Immer!

Auch bei Stammkunden?

Immer!

Und der Captain ißt die Wurst immer mit Ketchup.

Ab und zu mal, meistens mit Senf.

So, Kolbe, wir müssen, sonst kriegen wir kein Zimmer mehr.

Wenn's geht, nehm' ich wieder die dreizehn.
Und für meinen Kollegen ein Zimmer
möglichst weit weg davon, der schnarcht
nämlich.
Hier, die siebzehn.
Tragen Sie bitte noch zehn Uhr zum Wecken
ein.
Ja, und dann Cornflakes mit Kaffee, ich weiß.
Und wenn ein Fax kommt, leg' ich Ihnen das
aufs Zimmer.

Guck, das ist das Traumschiff.
Wie, das ist der Kahn vom Captain?
Ja.
Da möcht' ich nicht drauf wohnen.
Ist doch nur noch 'ne Frage der Zeit, bis das
Ding untergeht, oder was meinst Du.
Keine Ahnung, war ja noch nicht drauf.
Das sieht man doch von hier schon.

Wie spät hast Du das jetzt?

Halb sechs.

Dann macht der Captain in einer halben
Stunde Feierabend, also kommt er ja bald.

Wenn er nicht noch woanders hingeht.

Werden wir ja merken.

Wie, wollen wir hier jetzt die ganze Zeit
warten, bei dem Wetter?

Wir nicht, Du.

Wieso?

Ich schau mich hier noch mal um. Bis später.

Wie? Ich?

Ja. Paß auf.

Ein Jever bitte.

Gut zu tun, was?

Heute ist Clubabend, da ist es immer voll
hier.

Alles Segler, was?

Ist der Captain auch hier im Club?

Den vom Traumschiff meinen Sie.

Nee, der kommt ab und zu mal auf einen
Korn vorbei, für eine Mark, aber ganz selten,
abends, wenn er aus der Stadt kommt.
Auf einen Korn?
Ja.
Ein Körnchen ist gar nicht so schlecht, so
einen nehm' ich auch.
Und noch ein Jever.
Ist ein komischer Typ, dieser Captain, was.
Ja, irgendwie schon.
Ich glaub', den kennt hier gar keiner.
Der sagt ja auch nur Moin und Tschüß.
Und einmal Korn.
Ja.
Mehr nicht?
Mehr nicht.
Und der wohnt die ganze Zeit auf dem Kutter
da unten im Nassauhafen?
Ja.
Oh, was haben Sie denn da.
Bratkartoffeln mit Spiegelei, Clubessen.
Möcht' ich auch wohl, und noch ein Jever.
Lecker, wie bei Muttern.
Kann ich wohl ein bißchen Senf haben.
Und noch einen Korn.
Und dann auch die Rechnung bitte.
Wie, Korn kostet einsfünfzig.
Den gibt's nur für den Captain für 'ne Mark.

Der zahlt auch immer gleich.
Der legt den kleinen Adler hin, und dann
wissen wir Bescheid.
Neunzehnmarkachtzig, bitte.
Stimmt so, schönen Abend noch.

Na, Kolbe, alles klar auf dem Traumschiff?
Ganz schön dunkel hier.
Und naß.
Ist der Captain da?
Nein.
Wie?
Ja, nicht da.
Ist gar nicht erst gekommen.
Sitzt vielleicht im Kino, ist wärmer da, oder
so.
Das ist ja komisch.
Ja.
Ich hab' Hunger.
Wie, Hunger. Wovon denn. Vom Nichtstun?
Im Hotel gibt's noch Würstchen mit
Kartoffelsalat, mit Kartoffeln.

Und Senf.

Einmal Cornflakes mit Kaffee und die WZ
bitte.
Und das Telefonbuch.
Hier Kolbe, ruf' mal an, da beim Optiker, die
Nummer steht ganz groß hinten drauf.
Wieso ich.
Ganz einfach, Adler siegt.
Und was willst Du vom Optiker, ich kenn
den doch gar nicht.
Du sollst da anrufen und fragen, ob der
Captain da vor der Tür sitzt und sammelt.
Ganz einfach.
Ja.
Haben Sie bitte einmal Zucker für mich?
Und?
Ja.
Was ja.
Ja, der sitzt da.
Wie jeden Tag.
Dann ist ja gut.
Dann ruf' doch auch nochmal in Lübeck an,
vielleicht gibt's da was Neues.
Die Cornflakes sind wirklich gut.
Willst Du gar nichts frühstücken?
Ich telefoniere, das siehst Du doch.

Ich nehm' noch so eine Portion, wirklich nett
hier bei Ihnen.

Auch das Zimmer.

So richtig ruhig.

Kolbe, was ist, 'ne neue Karte da?

Ja.

Wo?

Bremen.

Touristeninformation.

Kartenvorverkauf für den Boxkampf.

Hat sich gelohnt.

Zwanzigtausend, gestern mittag um Zwölf.

Wieviele Visitenkarten haben wir jetzt?

Fünfzehn?

So um den Dreh.

So um den Dreh' gibt's nicht, entweder genau
oder gar nicht.

Nun werd' mal nicht pingelig.

Pingelig?

Genau müssen wir sein!

Also, ich glaub' wir sind wirklich auf dem
Holzweg hier.

Wenn der in der Marktstraße sitzt, kann der
doch nicht in Bremen klauen, oder?

Komisch.

Ja.

Wann ist eigentlich das Spiel?

Welches Spiel?

Wilhelmshaven-Lübeck.

Morgen.

Und wie spät?

Weiß' ich gar nicht.

Ja, rauskriegen, deswegen sind wir ja wohl hier, oder?

Wenn Du meinst.

Drei Punkte hat der Boss gesagt, drei Punkte.

Hier hast Du die Zeitung, lesen kannst Du ja wohl, oder?

Fünfzehn Uhr.

Und müssen wir uns da Karten vorher besorgen?

Weiß' ich nicht.

Was weißt Du eigentlich?

Weiß' ich doch nicht.

Dann frag' doch mal.

Wen denn, Dich?

Nein, in der Rezeption natürlich.

Ja.

Ein Jever bitte.

Und für meinen Kollegen ein Wasser.

Oder darfst Du auch ein Bier.

Wieso, ich muß' doch heut' nicht mehr
fahren, oder?

Das mußt Du doch selber wissen.

Also, zwei Bier.

Und einen Korn?

Nein Danke, ist ja noch nicht dunkel draußen.

Und war der Captain mal wieder hier?

Nee, gestern abend nicht, aber da waren Sie
ja selber hier.

Wie, Du warst hier im Seglerheim und ich
hab' da draußen im Regen gestanden.

Und Bratkartoffeln hat er auch gegessen, mit
Spiegelei.

Und Senf.

Und ich mußte diesen öden Kartoffelsalat
essen.

Du bist ja ein toller Kollege.

Mit Senf?

Ja. Und Würstchen.

Sag' mal, heut' ist Sonnabend.

Da arbeitet der Captain doch nur bis vier,
oder?

Ja, um vier macht die Stadt dicht, dann hat
der Feierabend.

Dann könnte der ja gleich kommen.

Ja.

Dann schaun' wir mal.
Ich weiß' nicht, warum der mich so
interessiert, aber irgendwas ist da.
Stimmt so, Tschüß.

Moin Captain, gut gesammelt heute?
Mein Name ist Geier, ich bin freier Journalist
und schreibe über Land und Leute.
Hab' viel von Ihnen gehört, und da möchte
ich mal' fragen, ob...
Nein.
Wieso nein, Sie wollen nicht?
Das wär aber doch 'ne interessante
Geschichte, Sie werden sehen, die Menschen
spenden nach so einem Artikel bestimmt noch
mehr.
Mag sein.
Und, können wir uns mal unterhalten?
Nein.
Sie sind ja nicht gerade gesprächig, was?
Ja.

Brauchen wir aber auch nicht heute machen,
ich komme gerne mal wieder.
Hier ist meine Karte, Sie können mich
jederzeit über Handy erreichen, Nummer
steht drauf, morgen vielleicht?
Nein.
Na, überlegen Sie's einfach nochmal in Ruhe.
Ja.
Merkst Du nicht, daß Du da gar nicht
rankommst?
Der will doch gar nicht.
Aber warum?
Journalistenangst!
Ist aber doch trotzdem schön hier im
Nassauhafen, oder?
Hier möchte ich auch wohl 'ne Jolle haben,
oder so.
Die Thor da drüben, stolzer Zweimaster.
Metallrumpf sogar.
Das wär' was, mal nach Helgoland, oder
weiter, oder so.
Träumer.
Laß' mich doch, fünf Jahre noch bis zur
Rente, und dann.
Ich find' Wilhelmshaven gut, hier ' ne schöne
Wohnung am Bontekai und einen Segler im
Hafen.

Mir würd's ja reichen, wenn ich irgendwo
mitsegeln darf.

Sind aber noch fünf Jahre.

Ja, fünf Jahre.

Zwei Jever bitte.

Komischer Kauz, nicht?

Wer?

Der Captain natürlich.

Geier, wir sind auf dem Holzweg, da geht das
nicht weiter.

Kein Stück weiter!

Wir müssen nochmal ganz von vorne
anfangen.

Ist ja ganz gut Deine Idee und die Theorie,
aber praktisch, nee Du, da sind wir falsch.

Montag starten wir nochmal neu. Wir können
ja über Hamburg fahren, schau'n wir da mal
rein, vielleicht haben unsere Kollegen dort ja
etwas rausbekommen.

Meinste?

Ja.

Oder hast Du eine bessere Idee.

Nein.

Und was sagt der Boss?

Wenn wir drei Punkte mitbringen, gar nichts.

Hättest ja auch recht haben können, aber das
ist doch wohl eindeutig.

Der hat ein Alibi und tausende von Zeugen.

Wir liegen total falsch.

Zwei Jever noch.

Und machen Sie mal 'nen Korn dabei, hier
auf meinen Deckel.

Großzügig heute?

Nee, irgendwie frustriert.

Ist aber auch 'ne verzwickte Sache.

Vor allem muß sich dieser Störtebeker doch
wohl immer ziemlich sicher sein. Das ist doch
total durchorganisiert.

Der weiß wann und wo Kohle zu holen ist
und kein Mensch bemerkt ihn.

Ja, das ist es ja.

Zwei Jever noch.

Und zwei Körnchen.

Prost, auf ein Neues.

Aber nicht mehr heute abend, ich glaub', ich
muß mal früh in die Koje.

Wann willst Du denn morgen raus.

So wie heute, zehn.

Und dann?

Ins Pumpwerk, da, das Plakat da.
Swing Jazzfrühschoppen mit dem Hot Club
du Nord, so ein bißchen Django Reinhardt tut
gut.
Nee, muß ich nicht haben, ich will mal so
richtig ausschlafen.
Zwei Jever noch.
Und zwei Körnchen.
Kennste den?
Hab' jetzt keine Lust auf Polizistenwitze.
Nee, ich meine, woran erkennt man einen
ostfriesischen Seeräuber?
Weiß nicht.
An den zwei Augenklappen.
Und das soll lustig sein?
Kommt ein Skelett zum Arzt...
Zwei Jever.

Moin, Herr Müller. Auch Jazzfan?
Hot Clubfan, bin mit Ude und Werner
befreundet, Geige und Rhythmusgitarre,

engagierte Gruppe. Nicht nur gute Musik, auch sonst ganz gut drauf.

Woll'n wir ein Bier zusammentrinken?

Zusammen?

Jeder eins.

Gerne.

Müssen Sie mal im Mai hierherkommen, dann ist immer Swing Jazz Festival, oben beim Seeräuber.

Alles nur Djangos da, da geht die Post ab...

Haben Sie was neues in Ihrem Fall?

Nee, wir stecken irgendwie fest.

Wie sind Sie denn eigentlich auf den Captain gekommen? Ich dachte, ich hör' nicht richtig.

Weiß ich auch nicht, war so eine Idee.

Woll'n wir noch ein Bier?

Ich muß nicht fahren.

Das Gitarrensolo, klasse! Den nennen sie Gonzo, uriger Typ.

Ich muß auch nicht fahren, ich wohn hier gleich am Bontekai.

Schönes Wohnen dort, was?

Könnt mir wohl gefallen.

Ist bei Ihnen nicht 'ne Stelle frei?

Prost.

Night and Day, waren das noch Zeiten.

Gute Kapelle.

Und ein tolles Pumpwerk.

Wenn wir das nicht hätten.

Ja, ich werd schon richtig neidisch, wie ist das, 'ne Stelle frei?

Träumer.

Höchstens befristet, nächstes Jahr zur EXPO, ein halbes Jahr, da wird bei uns aufgestockt.

Besser als gar nichts.

Werd' ich mal versuchen, vielleicht klappt's ja.

Ich hol' nochmal zwei Bier.

Hier, nehmen Sie die Gläser mit, da ist Pfand drauf.

Was macht der Captain eigentlich sonntags, geht der dann zur Kirche?

Weiß nicht, da bin ich selten.

Ja, aber in der Stadt ist dann doch nichts los.

Meinen Sie, hier ist immer was los.

Sonntags können Sie den Captain überall und nirgends treffen, überall dort, wo was los ist.

Sie wollen doch heute nachmittag zum Fußball, oder?

Ich muß.

Drei Punkte sollen wir mit nach Hause bringen, hat unser Boss gesagt.

Drei Punkte?

Ich hoffe, daß die hier bleiben, im schlimmsten Fall einen für jeden.

Und wie kommen Sie jetzt auf dieses Thema?

Sie haben doch gefragt, was der Captain sonntags macht, und da habe ich gesagt, daß der am Sonntag überall und nirgends ist, überall dort, wo was los ist.

Und wo ist heute richtig was los?

Beim Fußball.

Richtig.

Und da wird er dann wohl sitzen.

Prost, echt lecker das Bier.

Und die Musik, der Bassist ist ja auch spitze.

Arbeitet hier im Amtsgericht, sozusagen Beamtenkollege.

Mir gefällt's hier, vielleicht klappt das ja mit dem EXPO-Job, wäre toll.

Was meinen Sie, was hier dann nächstes Jahr erst los ist, Veranstaltungen rund um die Uhr, von Juni bis Oktober, und äußerst interessante Ausstellungen, ich freu' mich jetzt schon.

Wollen wir noch zwei?

Gerne, liegt ja nichts dienstliches mehr an heute.

Also, wenn das mit dem Job bei der Expo nicht klappen sollte, mach' ich mindestens meinen Urlaub hier.

Oder Sie feiern Ihre Überstunden ab.

Ja.

Prost dann.

Zwei Bier bitte, müssen wir jetzt haben.

Was ist passiert?

Nix, das ist es ja.

Und was machen wir jetzt?

Nichts geschafft in den letzten Tagen und keinen Punkt in der Tasche.

Der Boss bringt uns um.

Meinste?

Weiß ich.

Dann kriegen unsere Kollegen ja Arbeit.

Spaßvogel.

Zwei Jever noch.

Und zwei Korn.

Denk daran, Du mußt morgen fahren.

Ja, bis dann...

Noch zwei Korn.

Und zwei Jever.

Also, Du meinst, wir sollten morgen mal in Hamburg vorbeischauen, ja?

Ja.

Dann fahr'n wir nach dem Frühstück nochmal in diese durchgehend geöffnete Buchhandlung.

Den Eissing meinst Du.

Ja.

Vielleicht hat der ja was Neues von diesem germanischen Institut.

Ich bin fest davon überzeugt, daß uns irgendwas in der Störtebekergeschichte weiterhelfen wird, ich weiß aber noch nicht was.

Wenn Du meinst.

Zwei Bier noch, und tragen Sie bitte ein, acht Uhr wecken.

Acht Uhr, unchristlich.

Halbwegs.

In Lübeck wärst Du zu dieser Zeit schon im Büro.

Dürfen wir noch eins?

Eins ja.

Für jeden eins.

Und ich brauch' noch einen Kartoffelsalat mit Würstchen.

Und Senf.

Ich nicht.

Einmal Cornflakes mit Kaffee bitte.

Und die WZ.

Bitteschön.

Na, Kolbe, ausgeschlafen?

Halbwegs.

Ruf doch mal in Lübeck an und sag, daß wir über Hamburg fahren, dann ist der Boss nicht so beunruhigt.

Ich?

Ja, Adler siegt.

Gut.

Einen Kaffee bitte noch.

Ihr SVW wird ja gut gefeiert in der Zeitung heute.

Bei uns steht bestimmt das Gegenteil drin.

In Lübeck meinen Sie, kann ich mir denken.

Dumm gelaufen.

Na, Kolbe, was haben sie gesagt?

Wir sollen mal machen.

Heute morgen ist schon wieder 'ne Karte aufgetaucht.

Wo?

Bei uns in Lübeck.

Acht Uhr.

Wie, vor 'ner halben Stunde?

Ja, jetzt gerade.

Taxennachtkasse.

Prima.

Wieso prima, wir sitzen hier und bei uns
zuhause wird geklaut.
Nun fang' nicht damit an, daß hier morgen
wieder dick gespendet wird, das funktioniert
nicht.
Und was haben sie zu Hamburg gesagt?
Wenn wir das für nötig halten, sollen wir mal
machen.
Gut, dann zahl' mal die Zimmer, dann zu
Eissing und dann nach Hamburg.

Moin, Herr Geier, hab' was gefunden.
Wenn wir Glück haben, ist das um elf in der
Post.
Neuauflage vom Germanischen Institut, noch
druckfrisch.
Haben Sie noch solange Zeit?
Eigentlich nicht.
Na, könnte ja auch zwölf werden, ich weiß ja
nicht, was die Post heute zu tun hat, geht ja
auf Weihnachten zu.

Weißt Du was, Kolbe, ich brauche eh noch
ein paar Kleinigkeiten für's Fest und dann
gehen wir noch eine Bratwurst essen, wer
weiß, wann wir so eine Wurst mal wieder
kriegen.
Nach Hamburg fahren wir gut zwei Stunden,
das schaffen wir noch bis zum frühen
Nachmittag, oder was meinst Du?
Wie Du willst.

Senf oder Ketchup?
Mit Senf, wie gehabt.
Fragen Sie das wirklich immer, auch bei den
Stammkunden?
Ja, das ist schon automatisch drin.
Moin, Captain, schmeckt's?
Heut' mit Ketchup, was?
Keine Antwort ist auch 'ne Antwort, oder
was meinen Sie, Herr Kaiser?
Wagner!
Ist wohl erstmal unsere letzte Bratwurst hier,
wir müssen wieder nach Hause.

Urlaub zu Ende?

Ja, so kann man das sehen, aber ich komme bestimmt wieder, vielleicht schon bald, zur EXPO.

So Kolbe, jetzt rufst Du in Hamburg an und sagst, daß wir heute nicht kommen.

Wieso?

Erklär ich Dir später.

Aber die wissen doch gar nicht, daß wir überhaupt kommen wollten.

Ja, dann laß das.

Soll ich denn in Lübeck anrufen, daß wir nicht nach Hamburg...

Du spinnst wohl!

Los, auf zu Eissing, ich glaub', ich weiß jetzt Bescheid.

Versteh' ich nicht.

Macht nichts, mach' einfach, was ich Dir sage.

Jawohl.

Aber kriegen wir denn keinen Ärger?

Ist doch jetzt wohl eh egal, oder.

Die drei Punkte sind weg und jetzt haben wir die Chance, vielleicht doch noch zu punkten.

Kannst Du mal Klartext sprechen, ich kann Dir nicht folgen.

Nein, jetzt noch nicht, wir gehen jetzt erstmal wieder zum Eissing.

Später.

Ach, da sind Sie ja. Ich dachte, Sie hätten es
eilig.

Ist was dazwischen gekommen.

Ihre Sachen sind da, die Post war pünktlich,
elf Uhr, und jetzt dachte ich...

Denken Sie ruhig weiter, ich nehme die
Störtebekergeschichte schon, keine Angst,
aber sagen Sie mal, fällt Ihnen da was am
Captain auf?

Am Captain, nein.

Gucken Sie mal genau hin.

Seestiefel, Jeans, Kolani, Vollbart und Mütze
und das Schild Halbehalbe, so wie jeden Tag.
Oder?

Bestimmt?

Sie kennen doch den Optiker von gegenüber,
oder?

Ja, einer meiner besten Freunde, Rüdiger
Babatz, wieso?

Gehen Sie mal rüber und fragen ihn, ob ihm
was auffällt.

Ich?
Ja, Sie, machen Sie mal.
Irgendwas stimmt da heute nicht.
Kolbe, geh' mal mit.

Ja, Geier hier, guten Tag.
Wir sind heute morgen abgereist und hatten
die Dreizehn und Siebzehn.
Jetzt bleiben wir doch noch. Noch frei?

Ja.

Bis wann müssen wir spätestens heute abend
da sein.

Bis elf.

Schaffen wir.

Und wenn nicht...

Bis elf sind wir da.

Ach ja, wenn jemand anruft und fragt, Sie wissen von nichts, klar.

Wie war Ihr Name?

Beckers. -Vorname Störte, was?

Nein, war ja auch nur ein Spaß.

Bis elf sind wir da. Dreizehn und Siebzehn. Mein Kollege schnarcht so laut, deswegen.

Was hat der Babatz gesagt.
Nichts.
Wie, nichts?
Nein.
Was denn?
Daß ihm nichts aufgefallen ist, alles so wie immer.
Und?
Nichts.
Aha.

Ja, dann beobachten wir den Captain mal.
Eine Stunde Du, 'ne halbe Stunde ich, bis
sechs.
Ordentlich ausgewogen, ja.
Diskutier' jetzt nicht, wir arbeiten.
Arbeiten?
Ja.
Und was ist, wenn er früher geht?
Geht der nicht, der bleibt bis sechs.
Und warum sollen wir ihn dann beobachten?
Weiß ich auch noch nicht genau, nur
irgendwie.
Was heißt irgendwie?
Weiß ich eben noch nicht.
Also, paß auf, ich bin um drei wieder da, ich
muß da was klären.

Na Kolbe, irgendwelche Auffälligkeiten?
Nein, keine.
Aber soviel möchte ich auch mal verdienen.
Die Leute schmeißen dem Captain Geld zu
ohne Ende.

Arbeiten ohne Finanzamt.

Und Sie Herr Eissing, Ihnen fällt wirklich nichts auf?

Nein, so wie jeden Tag.

Ist übrigens spannend diese Geschichte vom germanischen Institut, hab' da mal kurz reingeschaut.

Die Stadt Verden hat ja tatsächlich aufgrund der Störtebekergeschichte fünftausend Mark im Haushalt, im städtischen Haushalt, jährlich wird das dann unters Volk gebracht, mit Heringen.

Ganz schön beliebt dieser Störtebeker, und das noch nach sechshundert Jahren.

So wie Robin Hood in England.

Ja, guter Vergleich.

Übrigens, ich muß noch zahlen bei Ihnen, das ist wohl irgendwie untergegangen.

Kolbe, kannst 'nen Kaffee trinken gehen, ich paß' jetzt auf, aber seh' zu, daß Du in zwanzig Minuten wieder da bist.

Verstanden?

Ja. Zwanzig Minuten.

So, jetzt wirds ernst, zehn vor sechs.
Wieso, der steht auf und dackelt zum
Nassauhafen, zu seinem Traumschiff.
Meinst Du?
Ja, so wie jeden Tag.
Werden wir ja sehen.
Er steht auf.
Ja los Kolbe, dran bleiben, ich will wissen,
wo der langgeht.
Meinst Du wirklich, daß Du eine Spur hast?
Diskutier nicht, mach!
Jawohl.
Ich komme mit, wir bleiben dran, los.
Der ist schon um die Ecke, Richtung
Nordseepassage.
Hinterher, ich will wissen, wo der hin ist.
Weg.
Wie weg?
Der kann doch nicht weg sein.
Doch, der ist weg.
Das gibt es nicht.
Doch.
So schnell?
Ja.
Kolbe, Du bringst mich noch mal zur
Verzweiflung.

Komm, da gehen wir nochmal rein, die haben noch auf, Cucina Laura, vielleicht wissen die ja was. Einfach weg, das gibt's doch gar nicht.
Moin, Geier, können Sie uns helfen?
Was suchen Sie denn?
Wir suchen nicht was, sondern einen.
Und wen?
Den Captain.
Der sitzt in der Marktstraße.
Nein, eben nicht.
Der saß da, bis sechs.
So spät ist das schon, hab' ich gar nicht gemerkt.
Ja, und jetzt ist er weg.
Und das Fahrrad?
Welches Fahrrad?
Ja, ab und zu ist der mal mit 'nem Fahrrad, so einem blauen, das steht da vorne.
Nee, steht nicht mehr da, stand da aber den ganzen Tag, hab' ich gesehen.
Ja, und darauf ist er nun weg.
Muß wohl.
Zum Nassauhafen.
Zum Nassauhafen?
Ja, da wohnt er.
Nee, immer wenn er mit dem Fahrrad da ist, fährt er abends die Bahnhofstraße hoch, Richtung Bant.

Richtung Bant, also in die andere Richtung?

Ja.

Komisch.

Und der ist nicht immer mit dem Fahrrad da.

Nicht immer, aber immer öfter.

Toller Spruch, aus der Werbung, was?

Und nun Kolbe, was machen wir jetzt?

In Lübeck anrufen, daß wir morgen später kommen.

Du spinnst wohl, das merken die doch eh.

Und der Ärger?

Den haben wir auch, wenn wir anrufen. - Nur früher.

Nein, wir fahren zum Nassauhafen.

Nein, nicht schon wieder, Du gehtst essen und ich muß Wache schieben.

Ja und, Dienst ist Dienst, oder bist Du zum Spaß hier.

Spaßig finde ich das überhaupt nicht mehr, kannst Du mir nicht mal erklären, was hier überhaupt los ist?

Kriegst Du etwa gar nichts mit, wie bist Du eigentlich zur Kripo gekommen?

Bestellen Sie uns bitte ein Taxi.

Ein Taxi?

Ja.

Die stehen doch gleich da vorne, einmal durch die Passage, zwei Minuten.

Ja, danke.

Du, da ist kein Mensch drauf.
Wie, Du meinst, der Captain ist nicht an
Bord?
Ja.
Dann warten wir eben.
Du hier und ich...
Nee, nee, nee, Du gehst was essen und ich
steh' mir hier die Füße in den Bauch, das
hatten wir doch schon mal.
Kannst Du mich nicht mal aufklären, was hier
überhaupt los ist. Ich versteh' das im Moment
nicht.
Ist doch ganz einfach, überleg doch mal.
Nee, kapiere ich nicht.
Also, ich glaub' es gibt zwei Captains.
Zwei?
Ja. Einer ißt Ketchup, der andere Senf.
Der eine fährt Fahrrad, und der andere, weiß
ich nicht.

Und immer wenn bei uns zuhause geklaut wird, gibt hier Herr Kaiser Ketchup raus.

Herrn Wagner meinst Du.

Ja, ist aber doch jetzt egal, oder?

Ja.

Und auf wen warten wir hier.

Auf den Captain natürlich.

Das heißt dann höchstens selbstverständlich, was hat das mit Natur zu tun.

Nerv' nicht Kolbe, wir sind jetzt ganz nah dran an der Auflösung.

Und was willst Du machen, wenn der Captain heut' nacht nicht kommt?

Wenn ich das wüßte.

Also, laß' uns lieber ins Hotel gehen, bis elf müssen wir eh da sein, oder wann hast Du uns angemeldet?

Elf hab' ich gesagt.

Meinst Du?

Ja.

Dann gibt es wenigstens noch ein bißchen Kartoffelsalat mit Würstchen.

Und Senf.

Da oben im Seglerheim gibt es aber Bratkartoffeln mit Spiegelei, für sechsmarkfünfzig, Clubessen.

Und?

Ich brauch 'ne richtige Koje, und der Captain
kommt sowieso nicht, so wie neulich.
Und morgen sitzt der wieder pünktlich um
halb zehn in der Marktstraße.
Wir haben das doch nicht eilig, oder?
Wieso eilig? Doppelt eilig.
Was willst Du denn dem Boss sagen...
Ja, dann bleib' Du hier und ich geh' ins Hotel,
ich habe Hunger. Und Durst.
Ich auch.
Und was ist, wenn der morgen nicht in der
Marktstraße sitzt?
Der sitzt da, wie jeden Tag, zumindest einer
von beiden.
Ja.
Dein Wort in Gottes Ohr.
Und wenn der andere abhaut?
Welcher andere?
Der andere?
Und welcher ist das?
Das weiß ich doch nicht.
Komm, laß' uns endlich, ist viertel vor elf,
mit diesem Kahn haut sowieso keiner mehr
 ab.
Spätestens am Leuchtturm geht der unter.
Hast Recht, ich hab' auch Hunger.
Bratkartoffeln mit Spiegelei wären mir aber
lieber.

Dann geh' ich eben allein.
Nee, warte, ich komme mit.

Einmal Cornflakes mit Kaffee.
Und die Tageszeitung.
Erstmal das Telefonbuch, das mit der dicken
Nummer hinten drauf, vom Optiker.
Ich dachte, Sie sind gestern abgereist.
Ist was dazwischen gekommen, aber heute
fahr'n wir.
Wie spät ist es jetzt?
Gleich neun.
Dann haben wir ja noch 'ne halbe Stunde
Zeit.
Wofür?
Ich will wissen, ob der Captain pünktlich auf
seinem Arbeitsplatz sitzt.
Warum sollte der nicht kommen, der ist doch
immer pünktlich.
Ich weiß nicht.
Wie, Zweifel?
Ich weiß nicht.

Hier ist ein Brief für Sie, Herr Geier, steckte
im Briefschlitz.
Wie, so früh schon Post?
Nein, ohne Marke, ist so eingeworfen
worden.
Von wem.
Steht nicht drauf, nur Ihr Name und zur Zeit
Hotel Seerose.
Komisch, wer schreibt mir denn?
Mach' mal auf Kolbe.
Ich denk, ich soll telefonieren.
Dann mach' beides, ich hol' mir nochmal
Cornflakes.
Moin Herr Babatz, Kolbe hier, Sie wissen
schon, der gestern mit dem Buchhändler bei
Ihnen war und gefragt hat, ob Ihnen was an
dem Captain auffällt, Sie erinnern sich.

Kurze Frage, ist der Captain da?

Nein, noch nicht.

Komisch.

Danke.

Tschüß.
Geier, guck mal, das gibt es nicht.

Was?
Der Brief.
Wie?
Vom Captain, Du hattest recht.
Jetzt ist er weg.
Hier.

Lieber Kommissar,
auch wenn Sie mir weis machen wollten, daß
Sie Journalist sind. War nicht schwierig, das
rauszukriegen, konnte Sie ja oft genug
beobachten. Wirklich lecker diese Bratwurst
am Wurstpalast, werde ich bestimmt
vermissen. Ihre Idee mit Senf oder Ketchup
war goldrichtig. Ich liebe Senf. Mein Kollege
bevorzugt Ketchup. Der hat aber mit der
ganzen Sache nichts zu tun. Der war nur dann
angestellt, wenn ich Zeit für die großen
Raubzüge brauchte. Nach 600 Jahren wurde
es endlich Zeit, den Hanseaten eins
auszuwischen. Klaus Störtebeker war zwar
Räuber, aber aus verlorener Ehre. Was haben
diese Hanseaten im Pakt mit der Kirche den
armen Fischern und Bauern alles angetan.
Wehrlos waren sie diesen ausgesetzt. Ich habe
mich intensiv mit dieser Geschichte
auseinandergesetzt. Diese brutale

Machtherrschaft der damaligen Zeit hat die
Seeräuberei doch förmlich herausgefordert.
Ein Kampf gegen Unterdrückung und für
Menschenrechte.
Ich habe mein Ziel fast erreicht, vielen
Menschen in dieser Region konnte ich helfen.
Sie lieben Störtebeker, auch heute noch.
Meine Taten waren der Dank an diesen
friesischen Volksstamm.
Wenn Sie mich jetzt noch jagen wollen, dann
tun Sie das. Ich bin heute nacht ausgelaufen.
Ich werde wohl irgendwo einen sicheren
Schutzhafen finden, da bin ich mir sicher.
Und wenn Sie mich fassen wollen, werden Sie
nicht glücklich. Ich hab' gerade mal soviel für
mich zurückgehalten, daß ich meine letzten
Tage damit gut durchkomme, der größte Teil
der Beute ist in vielen Projekten gut angelegt.
Und überlegen Sie weiter, denn, wenn Sie
mich fassen, wird das nur teuer für den
Steuerzahler. So eine gemütliche Zelle mit
Vollpension kostet ja auch einiges.
Leben Sie wohl, Herr Kommissar.
Ihr Captain.

Das ist ein Ding, was?
Und Du warst ganz schön nah dran, und ich
dachte, wir wären auf dem Holzweg.

Haben alle gedacht, sogar die Kripo hier in
Wilhelmshaven. - Gib' mir mal den
Briefumschlag.
Hier.
Da ist ja noch was drin.
Was?
'Ne Schatzkarte von der Schatzinsel?
Nein. Eine Visitenkarte, Störtebeker lebt.